ISABELLA DEVI

Grüne Magie für Einsteiger

DAS PRAXISBUCH

Alle Ratschläge in diesem Buch wurden vom Autor und vom Verlag sorgfältig erwogen und geprüft. Eine Garantie kann dennoch nicht übernommen werden. Eine Haftung des Autors beziehungsweise des Verlags für jegliche Personen-, Sach- und Vermögensschäden ist daher ausgeschlossen.

Email: info@edition-lunerion.de
www.edition-lunerion.de

Psiana eCom UG
Berumer Str. 44
26844 Jemgum

INHALT

Vorwort

Schwarze Magie, weiße Magie – davon hat wohl jeder schon einmal gehört, aber kennen Sie auch die grüne Magie? Sie ist die wohl schönste Form, denn sie bringt uns in direkten Kontakt mit den einzigartigen Kräften der Natur. Und das Beste daran: Zu einer grünen Hexe können auch Sie ganz einfach werden!

Die „Kraft der Natur" wollen heutzutage viele nutzen, doch meist wird nur an der Oberfläche gekratzt: Ein pflanzliches Medikament da, vermeintlich natürliche Nahrungsergänzungsmittel dort und das war's. Doch wer die Naturenergien tatsächlich entfesseln will, braucht einen viel tieferen Zugang zu der alles verbindenden kosmischen Urkraft – den Zugang einer grünen Hexe. Dieser Ratgeber führt Sie nun Schritt für Schritt ein in die Welt der Heilkräuter, Kraftorte, magischen Tinkturen, kraftvollen Rituale und ganzheitlicher Meditationen. Sie entdecken, wie Sie die Mächte von Pflanzen, Gestirnen, Jahreszeiten, Naturwesen und vielem mehr nutzen können, um in perfektem Einklang mit sich und Ihrer Umgebung zu leben und spirituelle Ausgeglichenheit zu erlangen. Sie haben noch so gar keine magische Erfahrung? Kein Problem! Denn die leicht verständlichen und systematisch aufgebauten Informationen führen Sie Schritt für Schritt in die Geheimnisse der Hexenwelt ein und dank praktisch-konkreter Anleitungen können Sie Ihr Wissen sofort in die Tat umsetzen.

Dieses Buch führt Sie ein in die geheimnisvolle Welt verborgener Naturkräfte und zeigt Ihnen, wie Sie die uralten Mächte des Kosmos in sich wecken und für sich nutzen können. Mit dem Bonusteil über Krafttiere finden Sie außerdem Ihren ganz persönlichen „Spirit", der Sie von nun an auf der einzigartigen Reise zu sich selbst begleitet!

Die Magie der Mutter Natur

Was gibt es Schöneres, als sich darüber auszutauschen, welche kostbaren Geschenke Mutter Natur für uns bereithält? Die grüne Magie, oder auch „Erdmagie“ genannt, verleiht den Pflanzen um uns herum jeden Tag aufs Neue wundersame Heilkräfte, die nur darauf warten, von uns entdeckt und genutzt zu werden.

Grüne Hexen waren von Anbeginn der Zeit die Hüter der Heilkräuter und der alten Weisheiten. Sie haben eine tiefe Liebe zu Pflanzen, Wurzeln, Samen, Sternen und Steinen und kennen die spirituellen und heilenden Eigenschaften von allem, was sie umgibt. Es sind die natürlichen Schätze dieser Erde, die sie uns großherzig offenbaren.

Was auch immer dich dazu bewogen hat, den Weg der grünen Magie zu beschreiten, ich hoffe, du findest zu jeder Zeit mit Hilfe dieses Ratgebers genau die Unterstützung, die du gerade benötigst. Mit dem Wissen, das du dir jetzt aneignen kannst, wirst du in jedem Fall in der Lage sein, den Alltagsstress mit Ruhe und Gelassenheit bewältigen zu können. Du wirst dein Gleichgewicht wiederfinden und darfst die Leichtigkeit des Seins wieder für dich erfahren. Auf diese Weise kann die Harmonie vollständig in dein Leben einkehren und dich mit liebevoller Dankbarkeit erfüllen.

Ich führe dich ein in die Elemente, stelle dir die dazugehörigen Naturwesen vor, vermittle dir einen großen Wissensschatz mit Hilfe der Kräuterkunde, schenke dir Einblick in wichtige Grundrezepte für Öle, Salben und Tinkturen, die dich bei der Ausübung der grünen Magie hilfreich unterstützen werden, und wir betrachten, wie du am besten deinen ganz eigenen Kräutergarten anlegen kannst. Komm mit, gemeinsam auf die Jagd nach all den Wundern und Heilung bringenden Kräutern zu gehen und dich einzuführen in die Geheimnisse der grünen Magie der Kräuterhexen.

Ich lade dich ein, spannende Hintergrundkenntnisse und wirkungsvolle Kräuterrezepte kennenzulernen und diese auch – je nach Situation – passend anzuwenden!

Geschichtliches

Wem kommen nicht sofort Hexen und Zauberer in den Sinn, wenn wir das Wort „Magie“ hören? Dieser Begriff löst wohl bei jedem von uns etwas ganz Besonderes aus. Während Kinder sofort an spannende Märchen wie „Hänsel und Gretel“, „Dornröschen“ oder „Schneewittchen“ denken, läuft dem einen oder anderen Erwachsenen schon mal ein leichter Schauer über den Rücken, denn wir assoziieren Magie oftmals direkt mit der Hexenverfolgung und der großen Inquisition.

Doch was sind Hexen tatsächlich?

Im Volksglauben werden Frauen als Hexen bezeichnet, die über magische Kräfte verfügen und deren „Zauberkünste“ den Menschen Schaden, wenn nicht sogar Verderben bringen können.

Hexen, oder auch „Wicca“ (das altenglische Wort für Hexer; ein Begriff, welcher seit dem 20. Jahrhundert jedoch eher einer neureligiösen Bewegung zugeordnet wird), standen zur damaligen Zeit weniger für die Heilung, sondern vielmehr für dunkle Wesen, die Krankheiten und Tod über die Menschen und Tiere brachten. Besonders in schweren Zeiten wurde ihnen bei Missernten oder Naturkatastrophen sehr schnell die Schuld zugeschoben.

Grüne Hexen leben nach dem Glauben, dass alles miteinander verbunden und beseelt ist. Sie ehren die Natur, schätzen die Zyklen des Lebens auf ihre ganz eigene Weise und sehen sich als Vermittler zwischen der irdischen und himmlischen Welt. Ihre Magie basiert nicht nur auf der physischen Form, sondern vielmehr auf dem Wissen, dass hinter all der Materie, die uns umgibt, mächtige Kräfte stehen, die bislang nur jenen offenbart wird, die sich dafür vollständig öffnen.

Selbstverständlich gab es auch damals schon die männlichen Ebenbilder, die vermeintlichen „Hexer“ oder auch „Erdmagier“, die jedoch nicht mit Zauberern wie „Merlin“ zu vergleichen sind.

Tatsächlich ist der Glaube an Hexen und ihre übersinnlichen Fähigkeiten uralt und seine Ursprünge liegen noch in vorchristlicher Zeit. Erst mit dem Christentum wurde immer mehr das Böse mit dem Wort „Hexerei“ in Verbindung gebracht und in der frühen Neuzeit (ab dem 13. Jahrhundert) begannen dann die Hetzjagden. Allein in Europa wurden bis zum Jahr 1780 über 50.000 vermeintliche Hexen und Hexer auf dem Scheiterhaufen verbrannt.

Der Anteil der weiblichen Hexen betrug zu diesem Zeitpunkt schätzungsweise 80 %. Die Hexenverfolgung war weltübergreifend und die grausame Tötung von Hexen und auch Zauberern zog sich durch sämtliche Kulturkreise.

Überlieferungen besagen, dass, obschon die Christen offiziell nicht an die Wirksamkeit von Hexerei und Zauberei glaubten, die ersten Todesstrafen bereits im 4. Jahrhundert nach Christus verhängt wurden. Die römische Kurie ernannte spezielle Inquisitoren, die in den Bistümern umherwanderten und gezielt nach Hexen suchten.

Kurie ist ein Ausdruck für die Gesamtheit der Leitungs- und Verwaltungsorgane des Heiligen Stuhls bzw. der römisch-katholischen Kirche.

Der wohl bekannteste, aber auch berüchtigtste Inquisitor war Heinrich Kramer. Er lebte um 1430 bis 1505 und ließ in kürzester Zeit alleine in Oberdeutschland unzählige Hexen zum Tode verurteilen. Legalisiert wurde dies mit der „Hexenbulle“ des Papstes Innozenz VIII. (geboren 1432 in Genua, verstorben 1492 in Rom, Italien).

Erst gegen Ende des 17. Jahrhunderts, im Zeitalter der Aufklärung, wurde wissenschaftlichen Erkenntnissen mehr Bedeutung beigemessen als der Magie und dem Aberglauben. Die Hexenprozesse und Hinrichtungen wurden immer seltener und erste moralische und rechtliche Bedenken machten sich breit. Geschichtlichen Büchern zufolge wurde dann im Jahr 1782 in der Schweiz die letzte Hexe hingerichtet, danach wurde in vielen Ländern Europas die Rechtsprechung reformiert, sodass dieses dunkle Kapitel ein Ende fand.

ALTHERGEBRACHTES WISSEN

Im weiteren Verlauf wird sich dieser Ratgeber der Betrachtung der Themen widmen, die Grund dafür sind, dass du heute dieses Buch in deinen Händen hältst. Zunächst soll der Begriff der „grünen Magie“ erläutert werden.

Wenn wir an Magie denken, kommt uns in der Regel zuerst die weiße (positive) und die schwarze (dunkle) Magie in den Sinn. Diese beiden Hauptzweige im Einzelnen zu beleuchten, würde hier jedoch zu weit führen, sodass wir uns in diesem Ratgeber ausschließlich der „grünen Magie“ widmen wollen.

Sicher hast auch du von der Farblehre gehört und kennst dich bereits ein wenig aus mit dem Thema „Symbolik“. Die Bedeutung der Farbe Grün steht für die Hoffnung, Harmonie, die Natur (Mutter Erde), Stabilität, Fruchtbarkeit und das Wachstum.

Grün ist eine der Komplementärfarben und wird aus vorwärtsdrängendem Gelb und zurückweichendem Blau gemischt. Damit vereint die Farbe Grün die offensichtlichen, gegensätzlichen Bedeutungen der beiden Farben: Wärme und Kälte, Freude und Vernunft, Intuition und Intellekt sowie Aktivität und Passivität. In einem gut abgestimmten Grün findet sich ein harmonisches Gleichgewicht.

Wie der Name „grüne Magie“ schon erahnen lässt, geht es hier in erste Linie um den respektvollen Umgang mit der Natur. Die grünen Hexen arbeiten mit Gewürzen und Kräutern, Pflanzen sowie mit der freiwilligen Unterstützung von Naturgeistern. Das Anwenden der grünen Magie geht also mit der Verwendung verschiedenster Pflanzen einher und verfolgt positive Absichten.

Eingesetzt wird die grüne Magie hauptsächlich zur Heilung, für ein besseres Wohlbefinden und zum Schutz von Verzauberungen, „bösen Geistern“ und anderen Gegebenheiten, die uns aus dem Gleichgewicht bringen können.

Ihren Ursprung hat die grüne Magie bei den Ureinwohnern (Aborigines etc.) und den Druiden. All diese alten Zivilisationen hatten profunde Kenntnisse über die Pflanzenwelt. Diese wurden nicht nur für die Behandlungen von körperlichen und psychischen Erkrankungen eingesetzt, sondern auch für magische und religiöse Rituale.

Während in amerikanischen Gefilden von Medizinmännern die Rede ist, finden sich im europäischen Raum die sogenannten „grünen Hexen“, die wir heutzutage jedoch eher als Kräuterhexen bezeichnen. Damals lebten sie abgeschieden in der Natur und nutzten diese, um all jene Kreaturen, Mensch wie Tier, zu heilen, die Hilfe bei ihnen suchten. In der heutigen Zeit haben viele dieser Heilerinnen ihren Lebensmittelpunkt in der Stadt oder naheliegenden Außenbezirken, sodass sie auf ihren Kräuterwanderungen auch in ihrem nahen Umfeld die entsprechenden Heilpflanzen finden können. Sie wirken nicht ausschließlich als Kräuterhexen, sondern verdienen ihren Lebensunterhalt oft mit ganz unterschiedlichen Berufen. Sie sind äußerst vielseitig und definieren sich nicht ausschließlich über ihre Arbeit mit den Pflanzen und Bäumen etc. oder eine spezielle Glaubensrichtung. Für sie steht an erster Stelle, die Verbundenheit mit allem, was ist, und im Einklang mit der Natur ihre Fähigkeiten zu nutzen, um die Immunkräfte der Hilfesuchenden zu stärken und Heilung zu bringen.

KRÄFTE NUTZEN IM EINKLANG MIT DER NATUR

Wenn wir heute davon sprechen, die Kräfte im Einklang mit der Natur zu nutzen, verstehen wir dies in der Regel so, dass wir uns die natürlichen funktionellen wie auch pflanzlichen Inhaltsstoffe zunutze machen. Bei dieser sachlichen Wahrnehmung sollten wir es jedoch nicht belassen, denn Mutter Natur und das Leben selbst schenken uns täglich die Möglichkeit, geistige Erfahrungen zu versammeln und zu vertiefen, unsere innewohnenden Heilkräfte zu erforschen und diese stets weiterzuentwickeln. Sind wir uns dessen bewusst und bereit, diese Chancen wahrzunehmen und in unser Leben zu integrieren, übernehmen wir die Verantwortung für unser Dasein und lernen, unser Leben verantwortungsvoll in Frieden und in Harmonie mit unserer Umwelt zu gestalten. Der Wandel, den wir gerade durchleben, findet nicht nur im Außen, sondern vornehmlich in uns selbst statt und lässt unsere Sensibilität für die Natur und alles, was ist, steigen. Wir fühlen uns täglich mehr mit Mutter Erde und dem Kosmos verbunden und lernen das Leben mit all seinen Erfahrungen, Lektionen, Befindlichkeiten auf eine ganz neue Weise schätzen und lieben.

Immer mehr Menschen folgen dem intuitiven Ruf, unser ganzheitliches Menschen- und Weltbild zu überdenken und etwas für die Umwelt und unser gemeinsames Leben zu tun. Wir erfahren gerade eine intensive Identifikation mit diesem wunderschönen Planeten, der unsere Heimat ist, ohne dabei in irgendwelche Glaubenskulturen und Religionen abzuschweifen oder Gottheiten anzupreisen. Einzig die respektvolle Wahrnehmung der Natur und des Lebens an sich und entsprechendes Handeln sind in der grünen Magie gefragt.

Grüne Hexen sehen unsere Erde also nicht als eine Form von Gott oder Göttin, sondern als lebendiges Wesen und als liebevolle, gebende und lebensspendende Mutter, die uns nährt. Sie ehren dieses allumfassende Wesen, identifizieren sich mit ihr und können auf diese Weise wirkungsvoll mit den heilenden Erdenergien wirken. Das Verhältnis der Kräuterhexen zu diesem Planeten ist rein spirituell und nicht mit religiösen Glaubenskulten zu verwechseln. Sie glauben nicht an den einen Gott, sondern an das Göttliche in jedem von uns.

GEOMANTIE

Wollen wir die Naturkräfte effektiv nutzen, so kommen wir nicht umhin, uns auch mit der Geomantie zu beschäftigen. Die Geomantie, ursprünglich ein sehr alter Begriff aus der Zeit von Atlantis, ermöglicht es uns, unser Leben, privat wie beruflich, nach **Kraftorten**, **Leylinien** (gelegentlich auch „Heilige Linien" genannt) und planetarischen Kräften auszurichten, um die bestmögliche Wirkung für uns und unsere Lieben zu erzielen. Besonders die Kelten waren bekannt dafür, stark mit der Natur verbunden zu leben und Orte zu finden, die jeweils den besten Nutzen für eine Sache bieten. Sie erkannten, dass jeder Platz nicht nur geographisch existiert, sondern jeweils einen Geist und eine Seele besitzen. Mit ihrem Wissen und entsprechenden Eignungen waren sie zudem in der Lage, den jeweiligen Raum und Nutzen noch zu optimieren.

Das Wort „Geomantie" setzt sich aus „Geo" und „Mantik" zusammen, wobei „Geo" von der Urgöttin Gaea oder Gaia – der Großen Mutter Erde – abgeleitet wird. „Mantik" bzw. „Mantiken" sind bestimmte Techniken, durch welche begabte Menschen mittels Deutung bestimmter Erscheinungsformen und Farben etc. Wahrsagungen durchführen konnten. Wollte man „Geomantie" übersetzen, so wäre „Erdwahrsagung" wohl die passendste Bezeichnung dafür. Im Grunde genommen ist es die Kunst, die Sprache der Erde mit dem Herzen zu verstehen und zu übersetzen; eine Fähigkeit, die jedem von uns innewohnt, doch leider sehr in Vergessenheit geraten ist.

Die gute Nachricht ist, dass unsere intuitive Wahrnehmung jederzeit geschult werden kann und auch dir bei Interesse unendlich viele Möglichkeiten offenstehen, dich wieder bewusst mit Mutter Erde und allem, was ist, zu verbinden.

So alt die Geomantie auch ist, ist sie doch auch hochmodern und entwickelt sich mit der Menschheit stets weiter. Auch die Definition dieses Wortes hat sich im Laufe der vergangenen Jahre deutlich verändert. So wurde die Geomantie im Jahr 1994 noch als eine ganzheitliche Erfahrungswissenschaft bezeichnet, die bemüht ist, die energetischen, geistigen und seelischen Faktoren eines Ortes zu erfassen und durch entsprechende Gestaltung zu verbessern. Seit 1998 ist unter dem Begriff „Geomantie" im Internet außerdem vermerkt, dass diese zusätzlich bestrebt ist, ihre Identität bei Gestaltungen in Architektur, Kunst sowie der Landschaftsplanung zu berücksichtigen.

Inzwischen wird sie als eine Kunst angesehen, die eigenen Lebensräume nach den Bedürfnissen der menschlichen Seele und im Einklang mit der Natur und der jeweiligen Ortskraft harmonisch zu gestalten. Auf diese „Ortskräfte" werden wir im Kapitel über die Naturwesen näher eingehen.

Feng-Shui

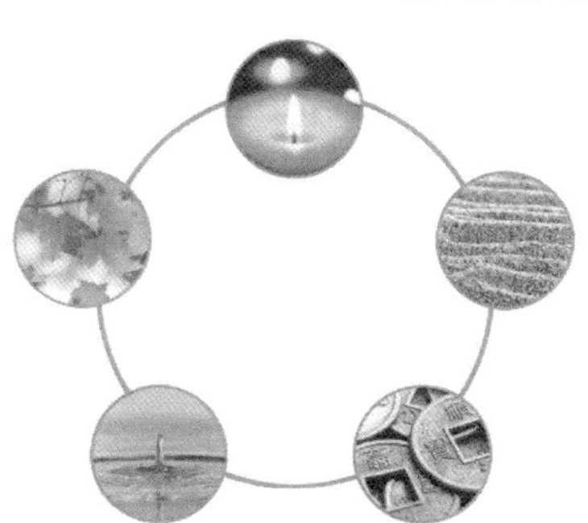

Feng-Shui, eine uralte daoistische Harmonielehre aus China, ist dir sicher ein Begriff und hat starke Ansätze zur Geomantie. Das Ziel des Feng-Shui ist in erster Linie die Harmonisierung des Menschen und dessen Umgebung. Erreicht wird dies durch eine besondere Planung und Gestaltung der Lebens- und Arbeitsräume, aber auch der Grabstätten, der Landschaftsgestaltung (Gärten) und der städtebaulichen Planung.

Die Lehre von Feng-Shui basiert auf verschiedenen chinesischen Philosophiesystemen, wie der Yin-und-Yang-Lehre, der Fünf-Elemente-Lehre und den nach den Himmelsrichtungen ausgerichteten acht Trigrammen. Bei der jeweiligen Einrichtung und Architektur wird hier besonders darauf geachtet. Feng-Shui wirkt sich bei der Umsetzung positiv auf unseren privaten wie beruflichen Erfolg, auf unsere Gesundheit und somit auf unser Wohlbefinden aus.

Naturwesen

Mit der oben bereits erwähnten Ortskraft sind unter anderem die Elementar- und Naturwesen gemeint, die sich an einem Platz aufhalten. Diese sind den folgenden fünf Elementen zugeordnet:

Element Feuer

- Salamander
- Vulkane

Element Wasser

- Meerjungfrauen
- Nixen
- Nymphen (Nereiden)
- Sirenen (die mit dem betörenden Gesang)
- Undinen (jungfräuliche Wassergeister)
- Wassermänner

Viele Menschen sind durch die vielen Begriffe oftmals verunsichert und fragen sich, was genau denn der Unterschied zwischen Meerjungfrauen, Nixen, Nymphen und Sirenen ist: Nymphen und Meerjungfrauen sind ausgesprochen freundliche, hilfsbereite Wesen, während Sirenen und Nixen oft als bösartig und listig beschrieben werden. Zudem sollen sie sich auch in ihrer Gestalt, dem Lebensort und ihrer mythologischen Herkunft unterscheiden. Hier sind die Aussagen jedoch eher unterschiedlich.

Element Erde

- Erdelfen
- Erdfeen
- Faune (auch als Satyre bekannt)
- Gnome
- Trolle
- Zwerge

Element Luft

- Elfen
- Feen
- Sylphen

Element Äther

- Baumdevas (Baumgeister)
- Blumendevas
- Pflanzendevas
- Wald- und Wiesendevas
- Dryaden (Nymphen und Eichenbäume)
- Einhörner
- Pegasus

Auch die Engelshierarchien und aufgestiegenen Meister werden zu den Wesen des Elements Äther hinzugezählt. Glaubt man den Aussagen hellsichtiger Menschen, scheint es eine große Vielfalt dieser Naturwesen zu geben. Diese werden in der heutigen Esoterik übrigens auch als Elementarwesen bezeichnet.

Selbst jetzt gibt es, leider bisher nur vereinzelt, noch Länder wie Irland, die die dort ansässigen Naturwesen stets zu Rate ziehen, bevor sie Brücken, Gebäude oder Straßen bauen.

Die Drachen, unsere persönlichen Freunde und Hüter, sind so mannigfaltig, dass sie den verschiedenen Elementarwesen zugeordnet werden können: Eisdrachen, Erddrachen, Feuerdrachen, Lindwürmer, Wasserdrachen etc. Insgesamt wurden wohl bisher 17 verschiedene Drachenarten gezählt.

Leylinien

Leylinien sind Energielinien, die ein unregelmäßiges Netzwerk über die Erde ziehen. Sie sind vergleichbar mit den Meridianen (Energiebahnen) des menschlichen Körpers, durch die feinstoffliche Energien fließen. Man kann die Linien als Kraftfelder mit sanfter Wirkung betrachten, was die Hellfühligen unter uns jedoch etwas anders definieren würden.

Leylinien ziehen sich, wie Adern in unseren Körpern, durch die ganze Erde. Sie können bis zu 25 Meter breit sein, weshalb sie oftmals auch als Kraftfelder bezeichnet werden. Auch wenn entsprechende Karten den Eindruck vermitteln, dass diese Linien stur geradeaus verlaufen, passen sie sich doch der jeweiligen Landschaft an. Sie verzweigen sich, formen Kurven und werden von Hochspannungsleitungen abgelenkt. Kreuzen sich zwei oder mehrere Leylinien, finden sich an dieser Stelle kraftvolle Plätze, die sowohl im Mittelalter als auch heute noch von kirchlichen Institutionen, wie dem

Freiburger Münster, von Klöstern, Kathedralen (wie z. B. Notre Dame) und sakralen Bauten, sowie von wichtigen Schlössern, keltischen Kultplätzen und zahlreichen Obelisken weltweit bewusst belegt werden.

Aufgespürt werden können die energiereichen Kraftorte mit Hilfe von Ruten, Tensoren (Einhandruten) und mittlerweile auch mit elektronischen Hilfsmitteln, indem Geräte die Veränderungen des Magnetismus und der Gravitation dieser heiligen Linien nachweisen. Vor Hunderten von Jahren waren sie deutlich spür- und auffindbar. Im Laufe der letzten Jahrhunderte wurden ihre Kräfte jedoch zusehends durch das Erdmagnetfeld abgeschwächt. Da das Wissen um diese Leylinien im Mittelalter als Geheimwissen galt, gibt es dafür auch heute noch nur wenige schriftliche Unterlagen.

Durch die Lithopunktur können die Energieströme der Leylinien noch verstärkt werden, ähnlich der Akupunktur bei Lebewesen.

Mit der **Lithopunktur** wird das Aufstellen und genaue Ausrichten von Steinsäulen bezeichnet.

Ein Beispiel hierfür sind die imposanten **Steinreihen von Carnac** (Nordfrankreich).

Steinreihen von Carnac (Nordfrankreich)

Auch das berühmte Stonehenge-Gelände, das vor über 4.000 Jahren errichtet wurde und in der Nähe von Amesbury, England, zu finden ist, zählt dazu. An diesem besonderen, mystischen Ort treffen gleich fünf Leylinien aufeinander.

Stonehenge

Diese überaus seltenen Konstellationen finden sich ebenfalls in Aachen, Ippingen und Karlsruhe (Deutschland) wieder. Weitere weltbekannte Kraftorte sind die Götterstadt der Azteken, der schwarze Monolith in Mekka, Teotihuacan (zentrales Hochland von Mexiko), die Pyramiden von Gizeh sowie Machu Picchu (eine gut erhaltene Ruinenstadt in Peru).

Wer einen solchen Ort aufsucht, wird schnell feststellen, dass die Energien, die diesen Kraftfeldern entspringen, dafür sorgen, dass man sich leichter entspannen und konzentrieren kann. Durch die innere Ruhe, die damit einhergeht, gelingt der Kontakt zu sich selbst schneller und intensiver und Meditationen, die an solchen Plätzen durchgeführt werden, gehen spürbar tiefer.

DAS WIRKEN DER GRÜNEN ENERGIE

Nachdem wir uns eingehend mit dem Thema Leylinien beschäftigt haben, wird dir der Ratgeber an dieser Stelle aufzeigen, wie du Geomantie umsetzen und somit mit einem Teilaspekt der grünen Energie wirken kannst. Beginnen wir dieses Kapitel mit einem Zitat von Paul Devereux, einem weltweit bekannten Autor, Forscher, Künstler und vor allem „Ley Hunter“ (frei übersetzt: Leylinien-Jäger):

„Ökologie ohne Geomantie ist wie ein Körper ohne Seele.“

Paul Devereux beschäftigt sich hauptsächlich mit archäologischen Themen, wie der Archaeoacoustics, der Anthropologie des Bewusstseins, der Umweltpsychologie sowie mit ungewöhnlichen geophysikalischen Phänomenen.

Archaeoacoustics ist die Lehre des Schalls an archäologischen Stätten.

Der Grundgedanke der Archaeoacoustics ist es, die Energien der Kraftorte z. B. durch Töne und vielstimmige Klänge zu erhöhen und somit gerade in stark besiedelten Gebieten eine Form der Stadtheilung durchzuführen. Natürlich könnte dies auch von dir alleine durchgeführt werden, doch in einer spirituell ausgeglichenen Gruppe würde sich die Wirkung um ein Vielfaches potenzieren.

Falls dir diese Aufgabe zunächst „zu groß“ erscheint, kannst du mit dieser Form der Umsetzung der grünen Magie auch im kleinen Rahmen anfangen. Gerade in der heutigen Zeit wird das Wohnen und Arbeiten zunehmend als ganzheitlicher Prozess verstanden. Jedes Haus, jedes Gebäude wird in der Geomantie als eigenständiges Wesen angesehen und hat somit eine eigene Seele. Diese ist geprägt durch die sie umgebende Natur, durch die Menschen, die in ihnen wohnen oder arbeiten, sowie durch ihre Gefühle, Gedanken und Taten.

Somit steht auch die eigene Wohnung ständig in wechselseitiger Resonanz mit ihren Bewohnern und berührt sowohl den Körper, den Geist, unsere Seele wie auch die Natur um uns herum.

Indem wir bewusst mit diesem Wissen umgehen und entsprechend handeln, beeinflussen wir auf sanfte Weise die Seele der Orte unseres Wirkens. Sei es, dass wir, wie oben bereits kurz erwähnt, Feng-Shui in unseren Wohn- und Arbeitsräumen umsetzen, mit Hilfe eines Geomanten oder eigenständig den für uns besten Arbeits- und Schlafplatz finden oder unsere Gärten mit Absprache der dort lebenden Naturwesen gestalten, schon das kleinste Einbeziehen der natürlichen Gesetzmäßigkeiten und Naturwesen hat bereits eine große positive Auswirkung auf unser Leben.

Masaru Emoto und erste Wasserexperimente

Wie du weißt, besteht unser Körper zu 70 bis 80 % aus Wasser. Erst im Alter beginnt sich das Verhältnis auf 50 % zu verringern. Ohne Nahrungsmittel können wir erfahrungsgemäß mehrere Wochen, Monate, sogar Jahre auskommen, ohne Wasser gelingt es uns in der Regel höchstens ein paar Tage.

Dr. Masaru Emoto (geboren am 22. Juli 1943 in Yokohama, Japan, und verstorben am 17. Oktober 2014) war ein japanischer Parawissenschaftler und Wasserforscher. Seit den frühen 1990er Jahren beschäftigte er sich mit dem Thema Wasser und vertrat die Auffassung, das Wasser durch unsere Gedanken, Gefühle und Worte beeinflussen zu können. So bewies er anhand von vielen Experimenten, dass Wasser, wenn es zum Beispiel in einer Glasflasche ist, die die Aufschrift „Danke" trägt, diese positiven Informationen aufnimmt, speichert und an alle Lebewesen überträgt, die dieses Wasser dann zu sich nehmen. Eine zweite Wasserflasche beschriftete er mit dem Wort „Krieg". Anschließend fror er beide Flaschen ein, fotografierte deren entstehende Eiskristalle und machte folgende Entdeckung: Sowohl das Aussehen der jeweiligen Eiskristalle als auch der Geschmack des Wassers (nach dessen Auftauen) waren vollkommen unterschiedlich! Viele Experimente folgten und im Laufe der Jahre verfasste Dr. Emoto viele Bücher über seine lebensverändernden Entdeckungen. Er wurde zum Vorbild für viele weltbekannte Erfinder wie Johann Grander und Viktor Schauberger, die seine Forschungsergebnisse dazu nutzen, um Wasser entsprechend zu beleben und zu vermarkten.

Johann Grander, geboren am 24. April 1930 in Tirol, verstorben am 24. September 2012, war ein österreichischer Naturforscher und Visionär und gilt als „Entdecker der Wasserbelebung". Hierfür gab er mit 49 Jahren seinen Beruf als Unternehmer auf und folgte seiner Berufung. Er widmete sich mit großer Leidenschaft seinen Experimenten und dies führte ihn zur Entwicklung eines Verfahrens, dass als „Wasserbelebung" bezeichnet wird. Hierbei wird die Wasserstruktur verbessert, damit ein gesundes Milieu für nützliche Mikroorganismen gegeben ist. Bekannt ist dieses Verfahren als „Grander-Technologie". Das belebte Wasser wird oftmals auch als informiertes, strukturiertes oder vitalisiertes Wasser bezeichnet und findet im Bereich der Heilwerdung ebenfalls etliche Einsatzmöglichkeiten.

Viktor Schauberger, geboren am 30. Juni 1885 in Holzschlag in Schwarzenberg am Böhmerwald, verstorben am 25. September 1958 in Linz, war ein österreichischer Förster und kümmerte sich um die Wälder des Toten Gebirges (eine Gebirgsgruppe der Nördlichen Kalkalpen in der nördlichen Steiermark und im südlichen Oberösterreich). Als Naturforscher interessierte er sich vor allem für das Wasser und machte eines Tages eine entscheidende Entdeckung:

Entdeckung Viktor Schauberger:

Er beobachtete, wie sich in einem Gewässer plötzlich große Steine vom Wassergrund lösten und in kreisender Bewegung zur Wasseroberfläche schwebten. Er war völlig überrascht, da diese Steine der Größe nach sehr schwer sein mussten und normalerweise nicht im Wasser hätten treiben oder schweben können. Er ging dem Phänomen auf den Grund und stellte fest, dass besagte Steine von eiförmiger Beschaffenheit waren und, genau wie bei einigen Fischarten, durch einen Energiewirbel, dem „hyperbolischen Wirbel", innerhalb des Wassers scheinbar mit Leichtigkeit angehoben und nach oben getragen wurden.

Für den Fall, dass du dir dies gerade überhaupt nicht vorstellen kannst, findest du nachfolgend die Beschreibung von zwei Experimenten für die eigene Durchführung. Auf diese Weise kannst du es einfach selbst ausprobieren.

Wasserexperiment #1

Nimm dir ein hohes Gefäß, befülle es mit Wasser und lege vorsichtig ein frisches, rohes Ei hinein, das langsam zu Boden gleiten wird. Nun beginne mit dem Stiel eines Kochlöffels oder einem anderen Hilfsmittel, das Wasser zu verwirbeln, und beobachte, was geschieht: Das Ei treibt langsam nach oben!

Wasserexperiment #2

Für dieses Experiment solltest du entweder reines Quellwasser oder einen guten Wasserfilter besitzen. Fülle eine Glaskaraffe mit diesem Wasser und verwirbele dies für mindestens 60 Sekunden. Damit belebst du dein Trinkwasser zusätzlich, es schmeckt merklich besser und du tust damit deinem Körper einen großen Gefallen. Probiere es einfach aus!

DIE MAGIE DER NATUR

Die Magie, die uns umgibt, ist unendlich groß und findet sich in allen Elementen des Lebens wieder. Die Leylinien, die sich in der Erde befinden, sowie das belebte Wasser haben wir bereits eingehend betrachtet. Doch die wohl größte Aufmerksamkeit gilt bei den grünen Hexen und Magiern den Pflanzen und Bäumen. Mit ein wenig Erfahrung, dem Besuch diverser Kräuterwanderungen, hilfreicher Lektüre und ganz viel Liebe zum Leben an sich wird es auch dir leichtfallen, die magischen Kräfte im Einklang mit der Natur zu nutzen.

Die Natur selbst schenkt uns die wertvollsten Zutaten, wenn es darum geht, heilende Kräutermischungen für Tees und Räucherungen herzustellen. Hier ist viel Wissen gefragt, die Liebe zur Mutter Erde und ihren Gaben sowie der Wunsch, mit den Pflanzen eine spirituelle Verbindung einzugehen, die auf Dankbarkeit, Freude und Respekt beruht. Bevor wir uns also dem nächsten Kapitel über Kräuterrezepte und hier speziell den Ölen und Kräutertees etc. widmen, werden wir zunächst auf die umfassende Kräuterkunde eingehen. Dies erleichtert dir, dich Schritt für Schritt mit allen weiteren Themen zu befassen.

KRÄUTERKUNDE VON A-Z

Eine Vielzahl typischer Hexenkräuter gehören zur Familie der Nachtschattengewächse, die Solanazeen, wie es fachkundig heißt. Zu diesen Pflanzen gehören u. a. auch die sogenannten Berauschungsmittel wie Tabak oder Tollkirsche. Viele von ihnen enthalten **Alkaloide**, **Atropin** oder **Skopolamin** und wurden bzw. werden zur Herstellung von Heilsalben und anderen unterstützenden Mitteln genutzt. Einer der wohl ältesten Halluzinogene ist der bekannte rote Fliegenpilz (Amanita muscaria). Die Alkaloide der meisten psychoaktiven Pflanzen, wie das Bilsenkraut, der Stechapfel und die Tollkirsche, werden über die Haut aufgenommen. Sie gelangen auf diesem Wege ins Blut und führen in der Regel zu Rauschzuständen. Unter anderem können sie ein Gefühl des Fliegens vermitteln, weshalb auch heute noch der Glaube existiert, dass Hexen auf ihren Besen umherreisen können.

Zu Beginn findest du nun eine kurze Erklärung zu den obengenannten, wichtigsten Inhaltsstoffen, da sie bei den einzelnen Kräutern immer wieder erwähnt werden:

Alkaloide

haben nachweislich eine physiologische Wirkung auf unseren Organismus und werden aus diesem Grund sehr häufig in der Medikamentenherstellung genutzt. Sie wirken aufputschend und euphorisierend, können bei zu hoher Dosierung jedoch auch schädlich sein und gehören daher primär zu den toxischen Pflanzenstoffen. Zu finden sind sie in vielen Genussmitteln, wie zum Beispiel in Koffein oder Nikotin.

Atropin

ist ein sehr giftiges Alkaloid, das als natürlicher Bestandteil von Nachtschattengewächsen, wie z. B. bei der Tollkirsche (Belladonna), dem Stechapfel oder der Engelstrompete, vorkommt. Es hat starke Auswirkungen auf das vegetative Nervensystem und ihm werden hemmende Eigenschaften zugesprochen. Aus diesem Grund wird dieser Wirkstoff gerade in Krankenhäusern hauptsächlich bei den Narkosevorbereitungen eingesetzt. Er findet jedoch auch seinen Wirkungskreis in der kurzzeitigen Therapie von akut auftretenden Herzrhythmusstörungen, die mit verlangsamtem Herzschlag einhergehen.

Atropin sorgt für eine Abschlaffung der Muskulatur im Magen-Darm-Trakt, den Gallen- und ableitenden Harnwegen und wird daher auch bei Magen-Darm-Krämpfen, Herzrhythmusstörungen, Vergiftungen und bei Augenuntersuchungen zur Erweiterung der Pupillen eingesetzt. Auch hemmt Atropin die Absonderung von Speichel, Schweiß und Tränenflüssigkeit. Es verringert die Schleimbildung in der Lunge und kann den Herzschlag steigern. Hier spricht man von einer positiven chronotropen (schrittmachenden) Wirkung.

Skopolamin
ist ein Bestandteil von Gewächsen und enthält eine halluzinogene Wirkung. Die bekannteste Pflanze ist in diesem Zusammenhang wohl die Engelstrompete. Genau wie Atropin wirkt Skopolamin als kompetitiver (konkurrierender) Hemmstoff. Im Jahr 1916 wurde es erstmals in Kombination mit Morphin zu Narkosezwecken intravenös verabreicht.

Auch in der Geburtshilfe wurde es gerne eingesetzt, um während des Geburtsvorgangs einen leichten Dämmerschlaf herbeizuführen. Die vermeintlichen Hexen waren eben in erster Linie Kräuterkundige, die auch als Hebammen arbeiteten. Ihre Zauberkräfte wurzeln in dem tiefen Wissen um die Eigenschaften und Anwendungen von Pflanzen.

So war es auch gang und gäbe, dass Kräuterhexen ihre Heilpflanzen nur zu bestimmten günstigen Tagen und Mondphasen suchten und entsprechend einsetzten. Eine Vollmondnacht war besonders geeignet für das Ernten von Bärlapp, Basilikum, Lavendel und Thymian. Pflanzen- und Baumwurzeln hingegen wurden bei abnehmendem Mond gesammelt, da zu diesem Zeitpunkt ihre Säfte im Wurzelwerk gespeichert sind. So war ihre starke magische Wirkung vollständig gewährleistet.

Mit großen Schritten nähern wir uns nun der eigentlichen Kräuterkunde, zuvor sollen jedoch wiederkehrende Begrifflichkeiten sowie Eigenschaften der Wirkstoffe erklärt werden, damit dieses umfangreiche Buch der grünen Magie auch für dich zu einem hilfreichen Nachschlagewerk wird und dir den Mehrwert bietet, den du dir davon erhoffst.

Begriff	**Erläuterung**
adstringierend	abgeleitet von dem Lateinischen Verb „adstringere“, dies bedeutet „zusammenziehend“
Alkaloide	haben virenhemmende, krampf- und schmerzlösende Effekte
antiallergisch	gegen Allergien gerichtet
antiarthritisch	wirkt einer Gelenkentzündung entgegen
antiatherogen	eine Atherosklerose unterbindend
antibakteriell	gegen Bakterien wirkend
antifugal	gegen Pilze wirksam
antikarzinogen	unterdrückt eine Krebserkrankung
antimikrobiell	hemmt das Wachstum von Mikroorganismen wie Bakterien, Pilzen und Vieren
antimykotisch	wirkt gegen Pilze
antineuralgisch	lindert den Nervenschmerz

Antioxidantien	oder auch Antioxidationsmittel ist eine chemische Verbindung, die den Vorgang der Oxidation anderer Substanzen im Körper verlangsamt oder gänzlich unterbindet. Antioxidantien sind daher einige der wichtigsten Verbündeten im Kampf um die sogenannten „freien Radikale“ (aggressive Moleküle, denen ein Elektron fehlt und die sich deshalb negativ auf unseren Stoffwechsel auswirken)
antioxidativ	verlangsamt oder verhindert eine Reaktion mit Sauerstoff und anderen Substanzen
antirheumatisch	wirkt bei Gelenkerkrankungen entzündungshemmend
antiseptisch	wirkt desinfizierend, gegen Keime gerichtet, tötet Krankheitserreger ab
antithrombotisch	wirkt gegen Blutgerinnsel
antiviral	gegen Viruserkrankungen wirkend
Aphrodisiakum	ein Wirkstoff zur Belebung oder Steigerung der Libido
atherogen	eine Atherosklerose hervorrufend
chronotop	schrittmachende Wirkung
Flavonoide	schützen vor schädlichen Umwelteinwirkungen, fördern immunologische Prozesse (das Abwehrsystem), wirken sich positiv auf das Herz-Kreislauf-System aus und sind entzündungshemmend
Gerbstoffe	haben eine blutstillende und stopfende Wirkung und werden bei Entzündungen im Mund- und Rachenraum sowie im Magen-Darm-Bereich eingesetzt
Halluzinogene	dies sind psychotrope Substanzen, welche Veränderungen im Denken und somit eine stark veränderte Wahrnehmung der Realität hervorrufen können
karzinogen	krebserzeugend
Libido	Lust
Neuralgie	Nervenbeschwerden
psychotrop	ein Wirkstoff, der die menschliche Psyche beeinflusst
Tonikum	neulateinisch aus dem Griechischen „tonikòs“, bedeutet „gespannt“ bzw. „kräftigend“ oder „stärkendes Mittel“

Die folgenden Informationen geben dir in alphabetischer Reihenfolge einen umfangreichen Einblick in all die magischen Kräuter, die uns Mutter Natur zur Verfügung stellt. Es ist eine Übersicht der wichtigsten Pflanzen, Gewürze und Kräuter und deren heilsame Eigenschaften, die in keiner naturmagischen Praxis fehlen sollten:

Aloe vera (Aloaceae)

Aloe vera ist auch bekannt unter dem Namen Wüstenlilie und eine äußerst beliebte und pflegeleichte Zimmerpflanze. Sie hat viele Einsatzmöglichkeiten und ist ein wahres Multitalent, zudem gilt sie als Zaubermittel. Sie wirkt bei offenen Wunden, wie z. B. Hautabschürfungen, entzündlichen Hauterkrankungen und Verbrennungen, aber auch bei Akne ist sie antibakteriell, desinfizierend und kühlend. Ihr klares Gel aus den Blättern (einfach bei Bedarf ein kleines Stück abschneiden) enthält u. a. viele Enzyme, Aminosäuren und Vitamine. Daher ist es feuchtigkeitsspendend und hilft bei Insektenstichen, den Schmerz zu lindern und das lästige Jucken zu stoppen. Ihr Saft sorgt außerdem für ein junges Hautbild und gesunde Haare und unterstützt die Heilung von Allergien, Neurodermitis und Schuppenflechte. Aloe vera ist ein starkes Abführmittel und sollte deshalb auch nur kurze Zeit angewendet werden, da es sonst zu Darmblutungen kommen kann. In der Homöopathie wird Aloe auch zur Behandlung von Gastroenteritis (Magen-Darm-Katarrh) angewendet. Zusätzlich lässt sie sich auch für therapeutische Zwecke nutzen und kann bei chronischen Erkrankungen, wie Depressionen, Migräne und auch bei Verstopfungen helfen. Letzteres hängt mit den Inhaltsstoffen des Aloe-vera-Saftes zusammen. Dieser enthält Aloin und Anthranoide. Diese Stoffe können die Durchlässigkeit der Darmwand beeinflussen. Dadurch nimmt die Darmschleimhaut weniger Salz und Wasser auf, so dass sich das Salzwasser im Darm ansammelt und für einen abführenden Effekt sorgt. Innerlich angewendet eignet sich die Pflanze auch zur Entgiftung des Körpers. Die in ihr enthaltenen Polysaccharide (Vielfachzucker) können Schadstoffe aus dem Körper transportieren und unterstützen so die Funktion der Leber. Äußerlich unterstützt sie die Wundheilung ohne die Bildung von Narben optimal.

Alraune.(Mandragora officinarum)

Die Alraune ist auch bekannt als Dollwurz oder Satansapfel und wohl eine der ältesten und berühmtesten Pflanzen des Altertums. Sie wächst vorzugsweise in warmen, südlichen Landschaften und ist wegen ihrer betäubend giftigen und schmerzstillenden Inhaltsstoffe mit der Tollkirsche verwandt. Sie besitzt große Blätter, trägt weiß-rote oder auch bläuliche Blüten und gelbe Beeren, verfügt jedoch über keine Stängel. Die Form ihrer Wurzel hat etwas Menschliches, weswegen sie auch als „Erdmännchen" bezeichnet wird. Dies war auch der Grund dafür, dass der Pflanze magische Eigenschaften zugesprochen wurden. Diese Erd- oder auch Alraunenmännchen waren äußerst schwer zu beschaffen, denn sie mussten mit bloßen Händen gesammelt werden. Doch jeder Mensch, der sie ausgrub, wurde entweder verflucht oder starb. Daher überließ man den Hunden das Ausgraben. Legenden besagen, dass die Wurzel beim Ausgraben einen fürchterlichen Schrei ausstieß, der in Mark und Bein ging und viele sogar in den Wahnsinn trieb! Der Grund dafür könnte sein, dass die Alraune nur dort wuchs, wo einst Menschen gehängt wurden. Die armen Seelen jener Umherirrenden gaben deren Schmerz damit preis.

Bei den Kräuterhexen war die Wurzel der Alraune ein wichtiger Bestandteil ihrer Salben und Tränke. Sie galt als potenzsteigerndes Mittel und unterstützte Frauen bei dem Geburtsvorgang durch ihre schmerzstillende Substanz Scopolanum. Diese Substanz wurde vor gar nicht allzu langer Zeit vor allem in angelsächsischen Ländern zur Narkosevorbereitung eingesetzt.

Die Alraune schützte zudem das Vieh davor, verhext zu werden. Ihre Tinktur heilte Asthma, Keuchhusten, Koliken und Magengeschwüre. Trug man eine Alraune als Amulett, so half sie gegen Zauber und bei Verletzungen aller Art. Zudem brachte sie ihrem glücklichen Besitzer angeblich Geld und Ehre. Kein Wunder also, dass damals so manch einer auf die Idee kam, falsche Alraunen (häufig aus Rübenwurzel, Siegwurz oder Zaunrüben hergestellt) zu verkaufen, um so für sich selbst viel Geld machen zu können.

Heutzutage wird die Alraunwurzel bei rheumatischen Beschwerden, bei Gicht und bei Beschwerden der Verdauungsorgane (Darm, Galle und Leber) eingesetzt. Als homöopathisches Mittel findet die Alraune ihren Einsatz bei Depressionen, Gastritis und vegetativen Bewegungsstörungen und als Morphium (Betäubungs- und Schmerzmittel).

Wer sich ein wenig in der Welt von Harry Potter auskennt, weiß, dass die Alraune vor allem gegen bösen Zauber wirkt.

Anis (Pimpinella anisum)

Allein schon beim Niederschreiben dieses Krautnamens eröffnet sich mir ihr würziger Duft und ich denke sofort an Lakritze, das Verfeinern von köstlichen Backwaren, Salaten und anderen Gerichten sowie an berauschende Getränke wie Ouzo, Pastis und Sambuca!

Schon zu Zeiten der Pharaonen war Anis, auch als „Römischer Fenchel“ oder „Süßer Kümmel“ bekannt, eine außergewöhnliche und vor allem begehrte Heilpflanze, da sie zum einen sehr beruhigend wirkt und zum anderen ihre Samen das Verdauungssystem unterstützen. Ihr wurden schon damals krampflösende Eigenschaften nachgesagt, sodass sie auch heute noch bei Periodenbeschwerden eingenommen wird. Anis enthält Curamin, ein Wirkstoff, der die Blutgerinnung hemmt und als Blutverdünner dient.

Vor allem wird Anis angewendet bei bakteriellen und viralen Infektionen, Blähungen, Brechreiz, Diabetes, Halsschmerzen, Husten, Mundgeruch, Pilzerkrankungen, rheumatischen Beschwerden, Übelkeit, verschleimten Atemwegen und bei Völlegefühl, zur Unterstützung der Milchbildung während der Stillzeit und es dient als Aphrodisiakum (ein Wirkstoff zur Belebung und Steigerung der Libido).

Apfel (Malus)

Unterschieden wird zwischen dem Wildapfel (Malus sylvestris) und den Kultursorten (Malus domestica). Der Apfel zählt zu der Familie der Rosengewächse und sowohl die Blüten als auch die Frucht selbst werden in der Kosmetikbranche verwendet, für Tees, Säfte und natürlich zum Verzehr in roher, gedörrter oder gekochter Form.

Nun fragst du dich sicher, was denn so ein Apfel hier bei der Kräuterliste zu suchen hat. Die Antwort ist einfach.

Äpfel enthalten organische Säuren (Dextrose, Gerbsäure, Pektine, Wachs und Salizylsäure), Vitamin A, B, C (vor allem die Schale) und E, Mineralstoffe (Kalium, Kalzium und Natrium) sowie Spurenelemente (Eisen, Kupfer und Mangan). Der Verzehr von Äpfeln kann Cholesterin abbauen und vor Herzinfarkt schützen, Schlafstörungen vermindern oder ganz verhindern, Verstopfungen lösen und in der Schwangerschaft hilft er bei der typischen Morgenübelkeit. Die Ballaststoffe und Fruchtsäuren haben einen reinigenden Effekt für die Zähne und bei Gicht wird das Trinken von Apfelschalen-Tee empfohlen. Leidest du unter Rheuma, kann ein Wickel mit geriebenem Apfel Linderung bringen. Auch bei Arterienverkalkungen, Erkrankungen der Leber oder der Nieren sowie bei Fettleibigkeit haben Äpfel eine reinigende Wirkung. Weiterhin regulieren Äpfel die Verdauung und wirken krebshemmend. So kann bei Durchfall ein Apfel roh gerieben und dann verzehrt werden. Der Geschmack ist angenehm und die Beschwerden sind im Nu verflogen.

Übrigens werden Apfelblüten noch heute in der Liebesmagie verwendet. Sie symbolisieren ewige Frische, Jugend und Unsterblichkeit. Das Holz des Apfelbaumes wird zum Herstellen von Amuletten und Zauberstäben genutzt.

Arnika (Arnica montana)

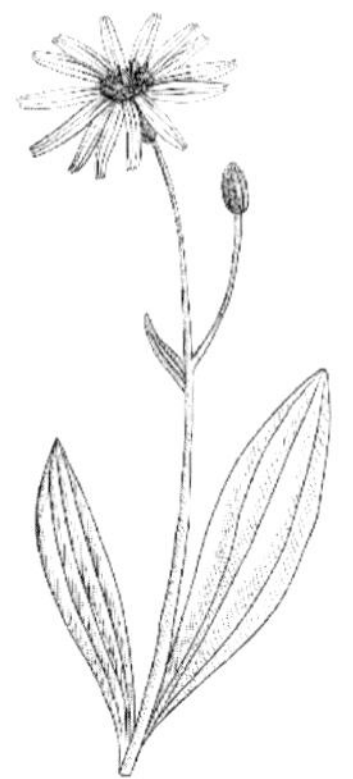

Dieses Heilkraut darf in keiner Hexenküche fehlen! Die aus ihren Inhaltsstoffen hergestellten Arzneimittel besitzen sowohl antiarthritische, antirheumatische sowie antiseptische Eigenschaften. Ihre Blüten und ihre Wurzeln werden hauptsächlich äußerlich genauestens dosiert angewendet, da die Pflanze auch Giftstoffe enthält. So findet man Arnika sehr oft in Salben, die bei Muskelschmerzen und Verstauchungen aufgetragen werden. Aber auch das Arnika-Öl ist sehr beliebt und dient vor allem zu Massagezwecken.

Vorwiegend wird Arnika bei Bronchitis, Krampfadern, Herzbeschwerden sowie bei Zahnfleischentzündungen eingesetzt.

Im weiteren Verlauf dieses Ratgebers erhältst du ein Rezept, mit dem du Arnika-Salbe und das Arnika-Öl leicht selbst herstellen kannst.

Augentrost, gemeiner (Euphrasia officinalis)

Er wird, wie der Name und die Zeichnung seiner zarten Blüte schon verraten, zur Behandlung von Augenkrankheiten angewendet. Der Augentrost ist ein altbewährtes Heilkraut und besitzt entzündungshemmende Eigenschaften, weswegen es medizinisch vorzugsweise bei Lidrand- und Bindehautentzündungen eingesetzt wird. Er findet seine Anwendung jedoch auch bei Husten und Schnupfen.

Dem Augentrost wird nachgesagt, dass er den Menschen, die blind vor Schmerz sind, das Brennen und die Trauer nimmt und das Leuchten in ihre Augen zurückbringt

Bärlapp (Lycopodium)

Bärlapp ist auch als Drudenfuß, Schlangenmoos oder Wolfsfuß bekannt, war ursprünglich ein traditionelles Heilmittel bei den Naturvölkern und wurde von Schamanen weltweit zum Erzeugen pyrotechnischer Effekte genutzt. Bärlapp enthält ätherische Öle und Alkaloide. Bei seiner Verbrennung entsteht ein aromatischer Rauch, der gut gegen Augenkrankheiten ist. In der heutigen Zeit werden mittlerweile Salben aus Bärlapp hergestellt, die bei Augenentzündungen helfen können. Das Kraut soll damals bei den gallischen Druiden sogar als Notfallmedikament empfohlen worden sein, vor allem bei schlecht heilenden Wunden, Gicht, Rheuma und bei Krämpfen aller Art. Heutzutage findet besonders der Keulen-Bärlapp seinen heilerischen Einsatz in der Homöopathie.

Bärlauch (Allium Ursinu)

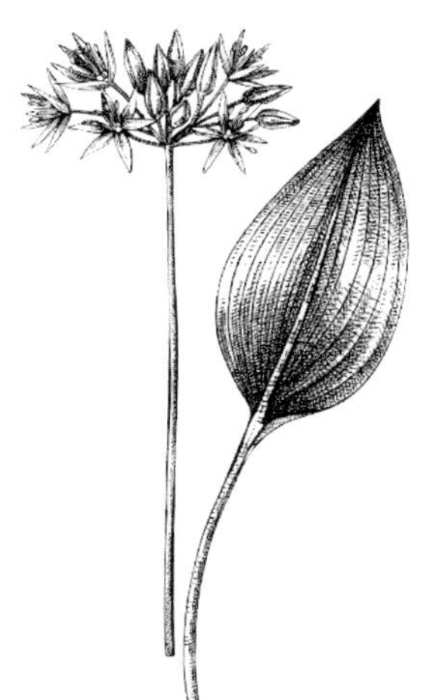

Bärlauch, auch Hexenzwiebel, Zigeunerlauch oder wilder Knoblauch genannt, ist ein vielseitiges Kraut mit zahlreichen Anwendungsmöglichkeiten.

Seinen Namen hat der Bärlauch gemäß einer Beobachtung, dass Bären sich nach ihrem Winterschlaf erst einmal ihren Bauch mit diesem würzigen Kraut vollschlagen. Früher glaubte man, dass der Bär seine Kräfte beim Durchstreifen der Wälder bestimmten Pflanzen übertrug. Aus diesem Glauben heraus aßen dann auch die Menschen dieses Kraut, weil sie sich dadurch entsprechende Kräfte versprachen. Außerdem soll der Bärlauch – wie auch sein großer Bruder, der Knoblauch – Hexen und Schlangen abwehren und Vampire vertreiben. Ganz stimmen kann dies jedoch nicht, denn die vermeintlichen Hexen kochten gerade zur Walpurgisnacht selbst ein Süppchen, um böse Geister fernzuhalten. Besonders beliebt war und ist dieses Kraut als Aphrodisiakum, um die Lust zu steigern.

ACHTUNG: Solltest du selbst einmal Bärlauch pflücken wollen, so gehe bitte behutsam vor, da die Blätter dieses Krautes sehr denen der Maiglöckchen ähneln, welche nicht nur nicht schmackhaft, sondern auch noch giftig sind.

Allerdings sind die „richtigen“ Blätter leicht zu identifizieren: Pflücke erst einmal nur ein Blatt und reibe es kurz zwischen deinen Händen. Verströmt daraufhin der typische Knoblauchgeruch, hast du das gesunde Kraut in deinen Händen.

Die beste Zeit zum Sammeln sind die Monate Mai und Juni und der Bärlauch wächst gern an Waldrändern und in feuchteren, schattigen Gebieten. Übrigens kannst du auch die Blütenknospen verwenden, indem du sie schmackhaft wie Kapern einlegst.

Baldrian (Valeriana officinalis)

Der Baldrian, auch als Mondwurz, Viehkraut oder Wendwurzel bekannt, wird in dir sicher gleich die Assoziation zu Beruhigungsmitteln und Ein- und Durchschlafhilfen herstellen. Doch Baldrian kann so viel mehr! In erster Linie gehört es hier in Europa zu den bekanntesten Heil- und Ritualpflanzen und wird – nicht nur von Kräuterhexen – auch sehr gern bei Räucherungen zu Reinigungszwecken und zum Vertreiben böser Geister verwendet. Zudem gilt Baldrian als Glücksbringer.

Tatsächlich ist er ein sogenannter „Wurzeldufter“. Dies bedeutet, dass nur die abgetrocknete Wurzel den typischen Baldriangeruch verströmt. Lediglich unsere Katzenfreunde nehmen ihren Blütenduft wohlwollend wahr.

Baldrian trägt übrigens auch den Beinamen „Theriakwurzel“, was darauf hinweist, dass dieses Kraut Bestandteil eines Wundermittels ist, das im Mittelalter gegen Seuchen und Vergiftungen eingesetzt wurde. In der Liebes- und Sexualmagie wird der Baldrian übrigens verwendet, um getrennte Liebhaber wieder zusammenzubringen. Er senkt den Blutdruck, lindert Menstruationsbeschwerden, Nervenanspannungen und körperliche Schmerzen und unterstützt dich auch dabei, dich von negativen Energien oder Giftstoffen zu reinigen.

Beinwell (Symphytum officinale)

Beinwell, auch als Beinwurz oder Wallwurz bekannt, ist eines der ältesten Heilkräuter gegen Gelenkschmerzen, Muskelbeschwerden, Verstauchungen und Wundheilungsstörungen. Seine Wurzeln enthalten Wirkstoffe, die abschwellend und schmerzlindernd sind. Zudem wirken sie abschwellend, antibakteriell, durchblutungsfördernd, entzündungshemmend und sie fördern die Zellneubildung.

Bereits zu Zeiten der ägyptischen Königin Kleopatra verwendete ihr Arzt dieses Kraut und stellte einen Brei aus seiner Wurzel her, um Blutergüsse und Brüche zu behandeln. Es half bei Gliederschmerzen (nicht nur in den Beinen) und Geschlechtskrankheiten, wie z. B. Gonorrhoe. Früher wurden sogenannte „Beinwell-Pflaster" auf Wunden gelegt, um die Heilung zu beschleunigen. Auch ‚modernere' Heilkundigen, wie Hildegard von Bingen, wissen viel über die Heilkraft des Beinwells zu berichten.

Angewendet wird die Pflanze sowohl innerlich wie äußerlich und sie entfaltet seine heilsame Wirkung auch bei Arthrose, blutigem Auswurf, Knochenbrüchen und Knochenmarkentzündungen, Lungenentzündungen, Quetschungen, Verrenkungen, Verstauchungen und Zerrungen.

Bilsenkraut (Hyoscyamus)

Bilsenkraut ist ein psychoaktives Nachtschattengewächs, es beeinflusst die menschliche Psyche.

Dieses Kraut wurde bereits vor über 2.500 Jahren als Heilmittel verwendet. Die Einsatzgebiete waren vielfältig, doch aufgrund der hohen Giftigkeit konnte eine Überdosierung durchaus auch zum Tod führen. Dieses Wissen nutzten im Mittelalter die Bauern, um Schädlinge wie Mäuse und Ratten zu töten. Traditionell wird das Bilsenkraut heutzutage als Schmerzmittel (besonders bei Augenschmerzen) oder als Beruhigungsmittel eingesetzt.

Bei Asthmabeschwerden wurde damals der Rauch der getrockneten Pflanze inhaliert und bei Zahnschmerzen kochten die Kräuterhexen eine Mundspülung aus der Wurzel. Im Mittelalter wurde es zum Narkotisieren bei Operationen genutzt. Übrigens wurde das Bilsenkraut, bevor das Reinheitsgebot 1516 in Kraft trat, dem Bier beigefügt, um es berauschender zu machen.

Brennnessel (Urtica dioica)

Urtica kommt von urere = brennen. Die Brennnessel wird schon seit geraumer Zeit nicht mehr als Unkraut angesehen und landet immer öfter in gesunden Gerichten auf dem Essenstisch. Keine Sorge, zu den leckeren Rezepten kommen wir dann später noch! Schauen wir uns nun an, was diese Nessel heilerisch zu bieten hat. Als Erstes ist wohl zu erwähnen, dass sie auch als „Stickstoffzeigerpflanze" bekannt ist. Das bedeutet, dass sie aufzeigt, dass es in der Gegend, in der sie vermehrt wächst, einen hohen Stickstoffanteil gibt. Ein kalt hergestellter Sud aus Brennnesseln und auch eine Brennnesseljauche eignen sich hervorragend als Mittel für Gartenpflanzen, um mögliche Schädlinge fernzuhalten oder zu vertreiben.

Viele Menschen scheuen sich, Brennnesseln zu sammeln, da ihre Nesseln gemäß ihrem Namen unterschiedlich stark brennen und sogar einen Hautausschlag hervorbringen können. Tatsächlich soll es helfen, ihre Blätter beherzt zu greifen. Daher widme dich den jungen Blättern und Trieben, da diese noch keine oder wenig Brennhaare besitzen.

Hast du gewusst, dass die Brennnessel auch als Aphrodisiakum und somit als **Liebespflanze** gilt? Früher benutzte man diese Pflanze zum sogenannten „Liebesgeißeln" und peitschte sich damit aus. Auf diese Weise erzeugte man an den betreffenden Stellen für viele Stunden ein Wärmegefühl und förderte die Durchblutung.

Aufgrund der Verbesserung der Durchblutung eignen sich die Brennnessel und deren Samen daher auch hervorragend bei schmerzhaften Gelenk-, Rheuma- und Ischiasbeschwerden.

Christophskraut, ähriges (Actaea spicata)

Das ährige (unverzweigter Blütenstand) Christophskraut ist eine robuste, krautige Pflanze und gehört zu den Hahnenfußgewächsen. Ihren Namen erhielt sie durch den Heiligen Christophorus. Dieser galt als Schutzheiliger bei Krankheiten und Tod, aber auch für Wohlstand. Daher wurde dieses Kraut damals auch bei der Behandlung gegen die Pest verwendet sowie beim „Christophsgebet" zur Beschwörung geldbewachender Geister.

Actaea spicata

St. Christoph steht hier für den antiken Schutzgott Thor (nordgermanischer Gott des Donners). Außerdem nutzten die Menschen die Heilpflanze als Brech- und Abführmittel sowie gegen Rheuma. Die Bauern brannten beim Vieh Wunden mit diesem Kraut aus, um es zu desinfizieren. Für Vögel ist das Kraut übrigens giftig.

Dost, gemeiner (Origanum vulgare)

Bekannt unter dem Namen „**Oregano**" oder auch „**Wilder Majoran**", ist Dost ein vielseitig einsetzbares Gewürz und nicht nur in der italienischen Küche unverzichtbar.

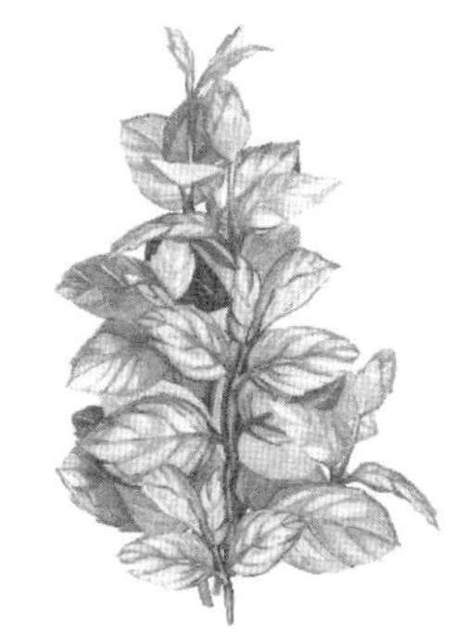

In der Naturheilkunde werden vor allem seine appetitanregenden, antibakteriellen, antiseptischen, antiviralen, auswurffördernden, desinfizierenden, krampflösenden und verdauungsfördernden Eigenschaften geschätzt. Hierfür werden die blühenden Sprossspitzen verwendet. Als Heilmittel wird Dost auch bei Ekzemen, Entzündungen im Mund- und Rachenraum, bei Husten und Keuchhusten genutzt.

Eberesche (Sorbus aucuparia)

Ihr zweiter Name „Vogelbeere“ weist darauf hin, dass Vögel ihre Früchte lieben. Zu Unrecht wird behauptet, dass ihre Beeren für Menschen giftig sind. Das Gegenteil ist der Fall. Ihre Früchte sind reich an Provitamin A und an Vitamin C. Daher wurde diese Heilpflanze vorwiegend zur Behandlung von Erkältungen und Skorbut (eine Krankheit, bei der aufgrund von starkem Mangel an Vitamin C das Zahnfleisch verfault und die Zähne ausfallen) verwendet. Zudem besitzen die Gerbstoffe der Eberesche harntreibende und abführende Eigenschaften. Die roten Beeren gelten als Symbol für Feuer und Wärme. Ihre Samen enthält allerdings Blausäure, die jedoch durch einen Kochvorgang zerstört werden.

Angewendet werden ihre heilenden Wirkstoffe bei Blähungen, Durchfall, Sodbrennen und Verstopfung, zur Vorbeugung von Erkältungen, bei Entzündungen des Darms, der Haut, des Halses und der äußeren Schleimhäute und bei entzündlichen Erkrankungen der Atemwege (z. B. bei Lungenentzündungen). Die Früchte der Eberesche enthalten Tannine und wirken daher adstringierend und somit austrocknend, blutstillend und entzündungshemmend. Dies unterstützt die Wundheilung. Außerdem zieht diese Heilpflanze den Darmtrakt zusammen und hilft auf diese Weise gegen Entzündungen des Dünndarms, gegen Gallensteine, Hämorrhoiden, bei Durchfall und bei Problemen mit der Blase und dem Harntrakt (Harnsteine, Blasen- und Harnröhreninfektionen) sowie bei Magen-Darm-Beschwerden.

Der Brei aus den Früchten der Eberesche regt die Verdauung an und hilft bei Gicht, Magenbeschwerden, Rheuma, Verstopfung und Unruhe. Ihre Beeren enthalten Sorbose (ein Monosaccharid mit sechs Kohlenstoff-Atomen) und dienen auch als Zuckerersatz. Er ist durchaus auch für Diabetiker geeignet. Heute wird dieser Stoff fast ausschließlich industriell produziert.

Ein alter Glaube besagt, dass diese Pflanze das Glück, Fruchtbarkeit und Wohlstand anzieht, Verzauberungen löst und vor Blitzschlag und bösem Zauber schützt. Zudem gilt sie als Schutzpflanze Thors und schützt Haus und Hof. Der Norden wurde von der Eberesche inspiriert. Sie galt bei den germanischen Kulturen als „Baum des Donnergottes Thor“, welcher im Süden „Donar“ genannt wurde, abgeleitet von Donner, dem Begriff, von dem der „Donarstag“ und später „Donnerstag“ abstammt. Es heißt, dass eine Eberesche dem Gott Thor das Leben rettete, soll er doch in einen reißenden Fluss gestürzt und fast ertrunken sein. Doch zum Glück konnte er noch rechtzeitig den Zweig dieses Baumes ergreifen und sein Leben war gerettet.

Auch die Kelten sahen in der Eberesche einen spirituellen Baum und Druiden schnitzten ihre Zauberstäbe aus ihrem Holz. Du glaubst mir nicht? Nun, du brauchst ihn ja nur zu fragen. Mit Hilfe dieser zauberhaften Feenpflanze bist du verbunden mit der Anderswelt. Probiere es einfach aus und vielleicht findest du dich schon bald in einer magischen Welt der Naturwesen.

Eibisch, echter (Althaea officinalis)

Der echte Eibisch gehört zu den Malvengewächsen und vor allem in der Antike galt die Malve sylvestris bereits als Heil-, Nutz- und Gemüsepflanze. Zur Zeit des römischen Kaisers Tiberius (14 bis 37 n. Chr.) gingen die Ärzte davon aus, dass die Malvensamen die Lust des Mannes bis ins Unendliche steigern sollten. Man streute sie deshalb über die Genitalien und erhoffte sich, dass dieses Schwellkraut, wie es auch genannt wurde, seine Wirkung tat. Oral eingenommen galt es auch bei Frauen als sehr starkes Aphrodisiakum. Wurde der Eibisch verräuchert, so sollten die Damen Fruchtbarkeit erlangen und gesunde Kinder gebären. Auch schützte die Pflanze in einer Räuchermischung mit anderen Kräutern vor Krankheiten.

Übrigens wurde die Malve im Mittelalter als Wahrheitsdroge zur Prüfung der Jungfräulichkeit eingesetzt. Die Bezeichnung „Pissblume" erhielt sie damals, weil eine Frau auf die Malve urinierte, um zu erkennen, ob sie schwanger war. Verdorrte die Blume nach einigen Tagen, war sie nicht schwanger und so war ihre Ehre gerettet. Blieb die Pflanze jedoch grün, so trug sie ein Kind unter ihrem Herzen.

In der heutigen Zeit wird das Heilkraut ebenfalls sehr vielseitig genutzt, denn es besitzt entzündungshemmende, reizlindernde und leicht abführende Eigenschaften. Seine Blätter werden als Aufguss zubereitet und dienen zur Linderung bei Sonnenbrand. Der echte Eibisch hat auswurffördernde Fähigkeiten und hilft daher großartig bei Bronchitis, Halsinfektionen und als Hustenmittel. Zudem werden seine abgekochten Wurzeln zur Behandlung von Abszessen, Furunkeln und Brusterkrankungen eingesetzt. Äußerlich angewendet wird es bei Ekzemen, Furunkeln und Insektenstichen.

Eisenhut, blauer (Aconitum variegatum)

Der blaue Eisenhut ist ebenfalls ein Hahnenfußgewächs und enthält äußerst giftige Substanzen, die Übelkeit und Herzrhythmusstörungen sowie Kreislaufprobleme hervorrufen können. Zu seinen Inhaltsstoffen gehören Aconitin (ein Gift, das stärker wirkt als Strychnin) und andere Alkaloide. Bereits zwei Gramm seiner Wurzel können für den Menschen tödlich sein.

In potenzierter Form wirkt der Eisenhut über das Nervensystem auf den gesamten Organismus. Eingesetzt wird er in der Homöopathie z. B. bei Gicht, Ischias-Schmerzen und Neuralgien, da er eine schmerzlindernde Wirkung hat. Er hilft bei Erkältungskrankheiten, wie Schnupfen und Bronchialkatarrh, sowie gegen Entzündungen im Verdauungstrakt, gegen Fieber und Schlaflosigkeit. Vorbeugend wird er auch bei verschiedenen Herzleiden eingesetzt.

ACHTUNG: Sollte es bei dieser oder anderen hier genannten Pflanzen zu Vergiftungserscheinungen bei dir selbst oder Menschen in deinem Umfeld kommen, ist sofort ein Notarzt und das Krankenhaus zu benachrichtigen! Zudem erhältst du über diverse Informationszentren gegen Vergiftungen in der Regel hilfreiche Unterstützungen über einen kostenlosen 24-Stunden-Service. Eine Liste der deutschsprachigen Vergiftungszentralen findest du beim „Bundesamt für Verbraucherschutz und Lebensmittelsicherheit“ hier:

https://bit.ly/3RGhT6o

Eisenkraut, echtes (Verbena officinalis)

Auch bekannt als Druiden- oder Opferkraut, galt das echte Eisenkraut ebenfalls als eine Zauberpflanze, die gegen den „bösen Blick" und Blitzschlag sowie bei Schlangenbissen helfen sollte. Der Legende nach erhielt das Eisenkraut seinen Namen, weil es vor Verletzungen durch Eisenwaffen schützen solle.

Die keltischen Priester, auch Druiden genannt, nahmen dieses Kraut zu sich, um ihre hellseherischen Fähigkeiten zu optimieren. Die Römer trugen dieses mystische Gewächs beim Aushandeln von Friedensverträgen mit sich, da ihm eine friedensstiftende Wirkung nachgesagt wurde. Die Gallier trugen es als Amulett bei sich, da es von ihnen als Glücksbringer angesehen wurde.

Im Mittelalter wurde Eisenkraut ebenfalls als Aphrodisiakum eingesetzt und war in Liebestränken enthalten. Und platzierte man es über dem Bett, so schützte es die Schlafenden vor Alpträumen.

Diese Pflanze findet Anwendung bei Blutarmut, Erkrankungen der Harnwege, Fieber, Gallenbeschwerden, Halsschmerzen, Katarrhen, Kopfschmerzen, Leberschwäche, Mundschleimhautentzündungen, nervösen Beschwerden, Sodbrennen und Zahnfleischbluten. Auch soll dieses Heilkraut als Phytotherapeutikum zu einem ruhigen Schlaf verhelfen. Phytotherapeutika gelten als die ursprünglichsten Medikamente, die aus Pflanzen zubereitet werden. Sie enthalten keinerlei synthetische Substanzen. Trotz ihres natürlichen Ursprungs weisen auch sie gelegentlich unerwünschte Nebenwirkungen auf.

Seitdem die Phytotherapie (Pflanzenheilkunde) in den vergangenen Jahren immer mehr Interesse findet und in der Naturheilkunde einen wichtigen Platz einnimmt, wurde auch das Eisenkraut wieder „modern".

Engelwurz, echter (Angelica archangelica)

Die echte Engelwurz wird zum Schutz vor Krankheiten und bösen Geistern als Amulett getragen und soll das Leben verlängern können.

Echte Engelwurz gilt als bewährtes Mittel, meist in Form von Tee, gegen Blähungen, Darmerkrankungen, Hepatitis, Koliken, Magenverstimmungen und Sodbrennen. Sie ist appetitanregend, verdauungsfördernd, stärkt den Kreislauf und verbessert die Durchblutung. Als Zusatz in einem Bad wirkt die Pflanze besonders entspannend.

Eukalyptus, gewöhnlicher (Eucalyptus globulus)

Denkst du bei Eukalyptus auch sofort an Lutschbonbons? Schon die australischen Ureinwohner wussten diese Pflanze und seine ätherischen Öle gerade bei Erkältungskrankheiten wie Fieber, Husten, Halsschmerzen und Infektionen zu schätzen. Für Koalabären gelten Eukalyptusblätter als Hauptnahrungsmittel und sie verdrücken dieses köstliche Grün nebst Rinde kiloweise! Andere Tiere halten sich jedoch eher zurück, da die Blätter viele Toxine enthalten, die von ihrem Organismus nicht verarbeitet werden können. Selbst für uns Menschen sind sie roh ungenießbar.

Farn (Polypodiopsida, Syn.: Filicopsida, Pteridopsida)

Dies sind nur einige der Farngewächse. Sie gehören mit zu den ältesten Pflanzen und entstanden ca. 200 Millionen Jahre, bevor sich die Blüten- bzw. Samenpflanzen entwickelten. Sie besitzen unzählige Wirkstoffe, die teilweise in keiner der anderen Pflanzen zu finden sind.

Betrachten möchte ich hier vor allem den Wurmfarn (Dryopteris filix-mas). Dieser und auch andere Farne wurden früher auch als Hexenleiter bezeichnet und waren und sind als Heilpflanzen sehr beliebt. Der Wurmfarn selbst, wie der Name schon verrät, hilft gegen Parasiten, die sich im Magen-Darm-Trakt befinden. Leider führt das Farngift auch bei Menschen zu Leber- und Nervenstörungen sowie zu Übelkeit.

Zu diesem Kraut gibt es im Übrigen eine schöne Geschichte, die besagt, dass Farne nur in der Johannisnacht (jeweils am 24. Juni eines Jahres) blühen und dann ihren sehr begehrten Samen abwerfen. Wer diesen besaß, hatte viel Glück bei all seinen weiteren Unternehmungen und konnte sich damit sogar unsichtbar machen. Zeugen hierfür wurden bisher leider danach nie mehr gesehen.

Fenchel, wilder (Foeniculum vulgare)

Neben dem bekannten Gemüsefenchel (Foeniculum azoricum) und dem Gewürzfenchel (Foeniculum dulce) findet der wilde Fenchel seine besondere Bedeutung eher als Heilpflanze. Genutzt wird hauptsächlich sein Samen, der jedoch auch giftige Substanzen enthält und deswegen in keinem Fall eine ärztlich empfohlene Dosis überschreiten sollte.

Vor allem im Mittelalter wurde er bereits zur Linderung von Verdauungsbeschwerden genutzt und selbst „grüne Hexen“ erwähnten eine entsprechende Heilwirkung. So hilft Fenchel dabei, Entzündungen zu lindern, sein Öl wirkt nicht nur verdauungsfördernd, sondern auch krampflösend. Junge Mütter trinken auch heute noch gerne Fencheltee, da er die Milchbildung fördert.

Da der Fenchel sehr beruhigend wirkt, hat er auch eine entsprechend positive Wirkung bei Menschen mit Angstzuständen und Depressionen.

Hast du bereits gewusst, dass der Gemüsefenchel doppelt so viel Vitamin C besitzt wie Zitrusfrüchte?!

Fingerhut, roter (Digitalis purpurea)

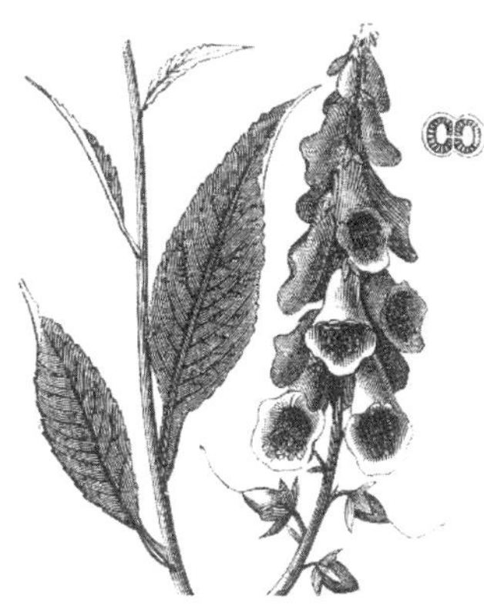

Seine Blüten machen ihn zu einer der schönsten Gartenpflanzen und sind bei den Bienen sehr beliebt. Für den Menschen gilt die Pflanze jedoch als hochgiftig und tödlich. Im Volksglauben galt auch Digitalis als Mittel gegen den „bösen Blick". Schon früher wurde das Kraut gegen Geschwüre und Schwellungen verwendet und innerlich eingenommen half es gegen Kopfschmerzen.

Seine Blätter enthalten Digoxin. Dies sind Herzglykoside, welche in der heutigen Zeit als ein wichtiges Mittel bei entsprechender Dosierung gegen Vorhofflimmern eingesetzt wird. Die Blätter sind auch heute noch ein gutes Hausmittel als Brechmittel und unterstützen das bessere Abhusten bei Verschleimungen, besonders bei Bronchitis.

Die getrockneten Blätter von Fingerhut dienen als Basis für verschiedene offizielle Arzneidrogen und dürfen nur unter ärztlicher Kontrolle eingenommen werden.

Frauenmantel, gewöhnlicher (Alchemilla vulgaris)

Abgeleitet wurde der Name von dem arabischen Wort alkemelych (Alchemie), da die Alchemisten damals versuchten mit Hilfe der Tautropfen, den sogenannten „Gutationstropfen“ oder auch „Sonnentau“, Gold zu gewinnen. Sie sahen die Tropfen als von der Pflanze gefiltertes und verfeinertes Wasser, das einem natürlichen Destillat gleichkam, und verwendeten es zur Bereitung des „Steins des Weisen“. Dieser „Stein der Weisen“ galt im Mittelalter als geheimnisumwobene Substanz, die angeblich unedle Metalle in Gold verwandeln sollte und jede Krankheit in Gesundheit.

Bereits die Druiden begehrten diese Tropfen, da sie ihnen bei kultischen Handlungen und zur rituellen Reinigung dienten. Kräuterhexen brachten oftmals den Frauenmantel an Fenstern, Türen und Dachfirsten an, da sie annahmen, dass dieser sie vor Blitzschlag schützen könnte. Aus diesem Grund wurde das Kraut auch „Gewittergras“ genannt. Weiterhin wurde es als Wetterpflanze geschätzt, da die Blätter zu „schwitzen“ begannen, wenn sich Regen ankündigte. Körperlich eingesetzt, verschafften seine Tautropfen schönere Haut und weniger Sommersprossen.

Den heutigen Namen „Frauenmantel“ bekam das Kraut, weil es angeblich dem Umhängemantel der Heiligen Jungfrau Maria, der Mutter Jesu Christi, ähnelt. Außerdem wurde und wird die Pflanze, die im Volksmund auch als „Aller Frauen Heil“ bezeichnet wird, auch heute noch bei vielen Frauenleiden eingesetzt. So war schon damals bekannt, dass dieses Kraut Blutungen stillen, Geburtswunden schließen und bei Menstruationsbeschwerden nützlich sein kann. Ein aus ihren Blättern zubereiteter Tee lindert Unterleibskrämpfe, stärkt aufgrund der enthaltenen Phystosterine die weiblichen Organe und erhält die Potenz. Phystosterine sind bioaktive Substanzen mit gesundheitsfördernder Wirkung. Ihnen werden zum einen cholesterinsenkende und somit antiatherogene, aber auch antikarzinogene Eigenschaften zugesprochen.

Gänseblümchen (Bellis perennis)

Gänseblümchen sind bezaubernde, kleine, widerstandsfähige Blümchen, die normalerweise auf jeder Wiese zu finden sind. Selbst wenn sie einem unwissenden Hobbygärtner beim Rasenmähen zum Opfer gefallen sind, so zeigen sich bereits am nächsten Tag neue Blüten.

Ihre Blüten, Blätter und Stängel besitzen bei innerer Anwendung eine darmregulierende und harntreibende Wirkung. Äußerlich angewendet, haben sie adstringierende, austrocknende, blutstillende, entzündungshemmende und schmerzlindernde Eigenschaften. Ihre Blüten sowie die jungen Blätter werden aber auch sehr gern in Salaten verwendet.

Geißfuß (Aegopodium podagraria)

Auch als Giersch oder Gichtkraut bekannt, wird Geißfuß, wie sein Beiname bereits verrät, aufgrund seiner entzündungshemmenden Eigenschaften zur Behandlung von Gicht genutzt. Giersch ist aber auch ein hervorragendes Lebensmittel und findet vielseitige Einsatzmöglichkeiten in der Küche.

Menschen mit empfindlicher Haut können auf die Berührung seiner Blätter empfindlich reagieren, da diese Hautreizungen hervorrufen können, wenn die betroffenen Stellen direkt im Anschluss dem Sonnenlicht ausgesetzt werden.

Ginkgo (Ginkgo biloba und Ginkgo folium)

Ginkgo, oder einfach der Fächerblattbaum, Entenfußbaum oder Goethebaum, ist in Ländern wie China und Japan heilig, da es unter anderem durch sein geteiltes Blatt das „Yin und Yang“ verkörpert. „Yin und Yang“ sind zwei Begriffe der chinesischen Philosophie, insbesondere des Daoismus, die für entgegengesetzte und dennoch aufeinander bezogene duale Kräfte oder Prinzipien stehen, die sich nicht bekämpfen, sondern ergänzen, wie beispielsweise das Männliche und das Weibliche, Tag und Nacht, Leben und Tod. In Asien gilt Ginko als Symbol für Fruchtbarkeit, Hoffnung, ein langes Leben sowie Lebenskraft und Unbesiegbarkeit.

Als Heilmittel wird es hauptsächlich gegen Asthma, Bronchitis und COPD, eine chronisch obstruktive (hemmende, verschließende) Lungenerkrankung, eingesetzt, es hilft aber auch wirkungsvoll bei Hautunreinheiten, Schwindel, Tinnitus und fördert die Durchblutung des Gehirns.

Dadurch wird der Leistungsabfall des Gehirns nachweislich vermindert, weshalb Ginkgo wirksam bei Gedächtnisstörungen und Konzentrationsschwäche eingesetzt wird.

Ginkgo enthält viele Antioxidantien und reduziert Entzündungen im Körper, reduziert Angstzustände und kann selbst bei Depressionen eingesetzt werden. Es unterstützt das Sehvermögen und hilft bei Kopfschmerzen und Migräne. Zusätzlich helfen die Blätter bei sexueller Dysfunktion (Funktionsstörung).

Ginseng, echter (Panax Ginseng)

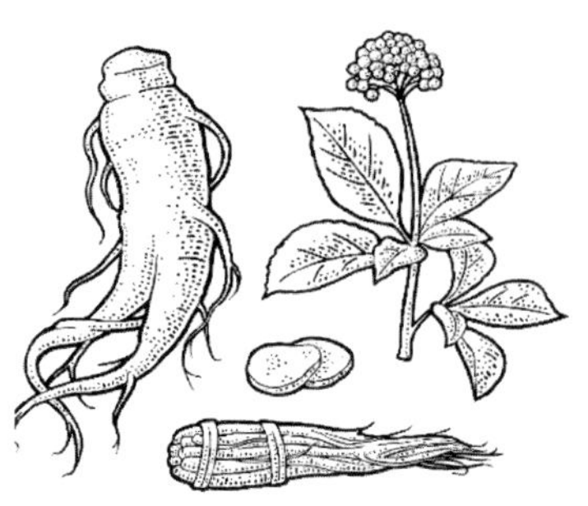

Ginseng darf in unserem Kräuterkunde-ABC natürlich auch nicht fehlen! Ginseng gehört zu jenen Heilpflanzen, die sich vor allem bei älteren Menschen immer größerer Beliebtheit erfreuen, denn er verspricht die Erhöhung der Ausdauer, Widerstandskraft und Vitalität. Verwendet wird ausschließlich die Wurzel. Bereits vor über 7.000 Jahren war diese Pflanze schon sehr begehrt, u. a. auch, weil sie damals als Aphrodisiakum (dient zur Steigerung der Potenz) galt. Ginseng steigert durch seine Trägerstoffe wie Noradrenalin und Serotonin die Aktivität des zentralen Nervensystems und erhöht die Aufmerksamkeit und Konzentration.

Noradrenalin ist ein körpereigener Botenstoff, der als Stresshormon und Neurotransmitter wirkt.

Serotonin ist ein Gewebshormon und Neurotransmitter.

Goldregen, gewöhnlicher (Laburnum anagyroides)

Der gewöhnliche Goldregen gehört zu den Hülsenfrüchtlern und gehört in Mitteleuropa zu den beliebtesten Sträuchern in Gärten und Parkanlagen, obwohl es sich bekanntermaßen um eine toxische Pflanze handelt, die schwere, bei Kleinkindern oft sogar tödliche Vergiftungen verursachen kann. Verantwortlich dafür sind seine Hauptwirkstoffe, die sogenannten Alkaloide, die auf das Zentralnervensystem wirken.

Homöopathisch werden die bohnenförmigen Hülsen zur Behandlung von Migräne, Schlafstörungen und Seekrankheit eingesetzt.

Goldrute, echte (Solidago virgaurea)

Bereits im Mittelalter wurde die echte Goldrute vorwiegend bei Harnwegs- und Nierenbeschwerden, Magen-Darm-Infekten und zur Wundbehandlung eingesetzt. Außerdem fördert sie die Ausscheidung von Blasen- und Nierensteinen und gilt als appetitanregendes Kraut. Zur Anwendung kommen – wie auch bei der **kanadischen Goldrute** (Solidago canadensis) – vorwiegend die blühenden Sprossspitzen. So haben Naturvölker wie die Navajo-Indianer sie nicht nur medizinisch eingesetzt, sondern auch ihre Wolle damit gefärbt.

Verwendet wurde vor allem die kanadische Sorte bei Insektenstichen und Schlangenbissen. Dafür wurde das zerriebene Kraut einfach auf die betroffene Hautpartie aufgetragen. Und war eine Halsentzündung im Anmarsch, wurden bzw. werden noch heute die Blüten und Blätter dieser Pflanze gekaut. Als Erste-Hilfe-Maßnahme dient das Kraut auch bei unangenehmem Juckreiz.

Gundermann (Glechoma hederacea)

Auch bekannt als Gundelrebe, gehört Gundermann zur Familie der Lippenblütler. Wegen seiner entzündungshemmenden Eigenschaften können sowohl die Blätter als auch die Stängel bei Atemwegsbeschwerden (wie Bronchitis, Husten, grippale Infekte), bei eitrigen Wunden, die nicht abheilen wollen, bei Magenschleimhautentzündungen und Verdauungsbeschwerden (wie Darmbeschwerden, Durchfall und Magenkrämpfen etc.) angewendet werden. Äußerlich angewendet wirkt Gundermann adstringierend, antibakteriell, antioxidativ, harntreibend, hustenstillend und wundheilend. Daher wird er bei Behandlungen gegen Ausschläge, Ekzeme, Furunkel und Gicht eingesetzt. Bei nässenden Wunden hilft ein wohltuendes Bad mit dieser

Pflanze. Ihre Blütenessenz unterstützt uns auch bei seelischen Wunden und kann auf ihre ganz eigene Weise auch uralte Traumata lösen.

ACHTUNG: Aufgrund des enthaltenen Bitterstoffs Glechomin (er wirkt bei Pferden und anderen Huftieren giftig!) sollte Gundermann immer nur in kleinen Dosen innerlich angewendet werden, da er sonst Übelkeit auslösen kann.

Hexenkraut, gemeines (Circaea Lutetiana)

Das gemeine Hexenkraut ist auch bekannt als Stephanskraut, Waldkette oder Walpurgiskraut. Zurückzuführen ist „Circaea" auf „Circe", eine Zauberin der griechischen Mythologie. Dieses Kraut wird vorwiegend von Frauen genutzt, um Männer anzuziehen (zu „bezirzen").

Früher wurde das Kraut in Viehställen aufgehängt, um diese gegen Flüche und Verhexungen zu schützen. Heutzutage werden seine Blätter gern Salaten beigegeben, da sie harntreibend und somit reinigend wirken.

Holunder (Sambucus nigra)

Der Holunder, weitere Namen sind Holler, Holderbusch oder Elder, galt als Sitz der germanischen Hauptgöttin Holder bzw. Holla. Vielleicht erinnerst du dich an das Märchen „Frau Holle“: die Schneeflocken stehen hier für die duftenden, weißen Blütensterne und das Pech wird symbolisiert durch die Flecken der dunklen Beeren, die beim Waschen bedauerlicherweise kaum rausgehen. Holunder gilt schon seit jeher als Sitz der guten Hausgeister und als Schutz vor bösen Geistern und wurde dementsprechend sehr verehrt. Holla beschützt(e) das Leben der Tiere und Pflanzen. Aus diesem Grund legten die alten Germanen ihr „Opfer“ unter den Holunderbaum. Gemäß der nordischen Sagenwelt wohnt die Liebesgöttin Freya dem Holunderstrauch inne.

Einem alten Glauben zufolge ist es ein gutes Zeichen dafür, dass ein Verstorbener seine letzte Ruhe gefunden hat, wenn auf seinem Grab ein gepflanzter Holunderzweig zu wachsen beginnt. Der Holunderbaum wurde auch als „Baum der Ahnen“ und als „Tor zur Anderswelt“ angesehen.

Dieser „Strauch der Germanen und Kelten“ bietet vielerlei Heilungsmöglichkeiten. So werden seine Blüten wie auch der dunkelrote Saft seiner Beeren beispielsweise zur Linderung bei einer Erkältung verwendet. Seine Inhaltsstoffe sind u. a. Flavonoide (wirken positiv auf das Herz-Kreislauf-System), Gerbstoffe („fällen“ Proteine und verhindern Fäulnis), Isoquercitin (trägt zur Stärkung des Immunsystems bei und wirkt antiviral und antithrombotisch), Phenolcarbonsäuren (antioxidativ), Rutin (wirkt sich positiv auf Blut und Gefäße aus), Sambunigirin (in großen Mengen eine giftige Substanz; in Verbindung mit Wasser gibt Sambunigirin Blausäure ab; durch Erhitzen zerfällt es und verliert so seine toxische Wirkung) und Schleimstoffe. Teile dieser Pflanze wirken anregend, blutreinigend, entzündungshemmend und schleimlösend.

ACHTUNG: An dieser Stelle ist es wichtig, darauf hinzuweisen, dass ich als Energetikerin mit jahrzehntelanger Erfahrung weder Ärztin noch Heilpraktikerin bin und du bei Krankheiten jeglicher Art einen fachmännischen Arzt konsultieren solltest, der den hippokratischen Eid abgelegt hat und sich für die Gesundheit der Menschen einsetzt.

Ingwer (Zingiber officinale)

Ingwer gehört zu den ältesten und beliebtesten Gewürzpflanzen – nicht nur in der chinesischen und indischen Küche! Er enthält ätherische Öle sowie Gingerol, das ihm seine Schärfe verleiht. Vor allem wird er zum Verfeinern von Fleischgerichten verwendet, aber auch zum Aromatisieren von Desserts und in Form von wohltuendem Tee.

In dieser kleinen Wunderknolle befinden sich Inhalts- und Wirkstoffe wie Borneol, ein einwertiger, sekundärer Alkohol, und Cineol. Letzteres wird angewendet zur Behandlung von Symptomen bei Bronchitis und Erkältungskrankheiten sowie zur Zusatzbehandlung bei chronischen und entzündlichen Erkrankungen der Atemwege. Ebenfalls enthält Ingwer das Vitamin C, Calcium, Eisen, Kalium, Magnesium, Natrium und Phosphor. Er ist also nicht nur ein schmackhaftes Nahrungsmittel, sondern auch ein wirkungsvolles Heilmittel.

Seine Rhizome (Wurzeln) werden in der Naturmedizin bei Arthritis (zur Schmerzreduzierung wird vor allem Ingwer-Gel direkt auf die betroffenen Stellen aufgetragen), Kreislaufprobleme, Menstruationsbeschwerden, Mundgeruch, Reisekrankheit, Schwindel und allem voran bei Übelkeit (wie z. B. Schwangerschaftserbrechen) und bei Verdauungsbeschwerden angewendet. Hier ist zu bemerken, dass Ingwer, selbst schon sein Geruch, bei manchen Menschen jedoch auch Übelkeit hervorrufen kann.

Isländisches Moos (Cetraria islandica)

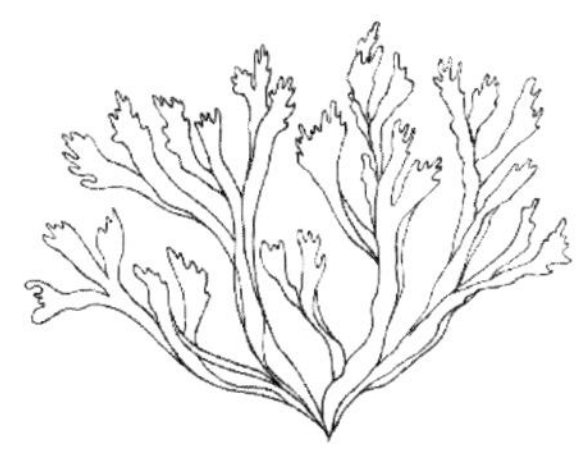

Trotz seines Namens handelt es sich hier weder um ein Moos noch um eine Pflanze im herkömmlichen Sinne. Das isländische Moos gehört zu den Flechten. Obwohl es wohl mittlerweile auch in den Schweizer Alpen zu finden ist, ist die aus Island stammende Heilflechte vorzuziehen, da sowohl Elfe als auch Trolle sie bis zu ihrem Schnitt mit Argusaugen bewachten und so ihre Heilwirkung noch intensiviert wurde.

Therapeutisch lässt es sich zur Behandlung von Atemwegserkrankungen (wie Halsschmerzen, Heiserkeit, Husten) und bei Entzündungen des Magen-Darm-Traktes einsetzen. Diese Flechte besteht zu mehr als 50 Prozent aus schleimbildenden Zuckermolekülen, die sich wie eine Schutzschicht über gereizte Schleimhäute im Mund, Rachen und Magen legen. Dadurch werden die angegriffenen Bereiche beruhigt. Weiterhin hemmt isländisches Moos das Wachstum von Bakterien.

Johanniskraut, Tüpfel- (Hypericum perforatum)

Diese „Zauberpflanze" trägt auch den Namen „Christusblut" und ist dem Täufer Johannes geweiht. Dieses Hexenkraut sollte möglichst in der Johannisnacht geerntet werden und gilt als Heilmittel für Stich- und Schussverletzungen.

Der Legende zufolge wuchs diese Pflanze unter dem Kreuz von Jesus Christus und seine Blüten fingen Tropfen von seinem vergossenen Blut auf. Zerreibt man die Blüten zwischen den Fingern, tritt blutroter Saft aus. Dies ist ein Hinweis dafür, dass dieses Kraut auch gegen Blutarmut und Menstruationsbeschwerden eingesetzt werden kann. Zudem wirkt es adstringierend, beruhigend, krampflösend und stimmungsaufhellend und wird auch hilfreich bei Angstzuständen, Depressionen, Magenproblemen, Neuralgie (Nervenbeschwerden), Schlafstörungen, Virusinfektionen und Wunden genutzt. Außerdem ist es ein bewährtes Gallen- und Lebertonikum.

Tonikum kommt von dem altgriechischem bzw. neulateinischen Begriff „tonikòs“ und bedeutet so viel wie „gespannt“ bzw. „kräftigend“.

Angeblich wächst Johanniskraut überall dort, wo Menschen sich einsam fühlen und sich selbst überlassen sind. Es schenkt Entspannung und innere Ruhe und ist wundheilungsfördernd. Wusstest du, dass das echte Johanniskraut im Jahr 2015 zur Arzneipflanze des Jahres gekürt wurde?!

ACHTUNG: Aus dem enthaltenen Hypericin (eines der wesentlichen färbenden Bestandteile des echten Johanniskrauts; wird als Arzneistoff hauptsächlich als Antidepressivum eingesetzt) entstehen bei Lichteinwirkung giftige Substanzen, die zur Lichtkrankheit führen können. Daher solltest du nach der Einnahme von Medikamenten mit Johanniskraut sowohl die Sonne als auch die Sonnenbank meiden. Und da es ein Kraut ist, das im Organismus immer alles richtigstellen möchte, setzt es teilweise auch die Wirkung von Verhütungsmitteln, wie z. B. der Pille, aus.

Das „echte“ Johanniskraut, erkennbar an den Tüpfelchen auf den Blüten, galt in der Antike als Zauberpflanze, mit der man Unheil abwenden konnte. Es ist noch heute eines der am häufigsten angewendeten Mittel, wenn es darum geht, Angstzustände, Depressionen, Nervenprobleme und Schlaflosigkeit zu behandeln. Weiterhin unterstützt es die Damenwelt bei Beschwerden während ihrer Menopause. Hierfür wird aus den Blüten das bekannte Johanniskraut-Öl hergestellt, das auch den Namen „Rotöl“ trägt.

Weitere Einsatzmöglichkeiten findet das Johanniskraut bei Gastritis, Gicht, nervösen Unruhezuständen, Stress, trockener Haut und bei der Wundbehandlung, meist bei Verbrennungswunden.

Kalmus (Acorus calamus)

Kalmus ist eine Sumpfpflanze, stammt ursprünglich aus dem ostasiatischen Raum und wurde im 16. Jahrhundert nach Mitteleuropa gebracht. Sie wird auch „Deutscher Ingwer" genannt. Die Wurzel besitzt appetitanregende, blähungstreibende, fiebersenkende und verdauungsfördernde Eigenschaften. Zudem soll sie eine aphrodisierende Wirkung haben und kann in hohen Dosen gefährliche Rauschzustände hervorrufen. Kalmus wird vorzugsweise in Form von Öl oder Tee eingesetzt und unterstützt vor allem bei Beschwerden in der Magen-Darm-Gegend und bei Erschöpfungszuständen. Die Wurzel fördert die Produktion von Gallen- und Magensaft und unterstützt auf diese Weise den Verdauungsprozess. Sie hilft bei Übelkeit und Verstopfung und ist zudem ein schmerzlinderndes Mittel bei Zahnfleischproblemen und für zahnende Kinder.

Kalmus wird nachgesagt, dass Rauchern, wenn sie auf der Wurzel gekaut haben und dann wieder zu einer Zigarette greifen, übel wird und sie somit zur Rauchentwöhnung eingesetzt werden kann.

Kamille, echte (Matricaria Chamomilla)

Wer kennt sie nicht, die echte Kamille mit diesem typischen Duft? Ist sie doch eine der wertvollsten Heilpflanzen im Hausgebrauch. Ihr Name leitet sich aus dem Lateinischen von „Matrix" ab und bedeutet so viel wie Gebärmutter. Dies deutet bereits darauf hin, dass sie vor allem in der Vergangenheit bei Frauenbeschwerden verwendet wurde. Einsetzbar ist sie bei Blähungen, Gastritis, Verdauungsbeschwerden (Magen und Darm), prämenstruellen Beschwerden, psychischen Beschwerden, Schlaflosigkeit, Völlegefühl und zur Wundheilung, da sie zum einen entspannend und entzündungshemmend, zum anderen aber auch antibakteriell und krampflösend wirkt und somit Menstruationsbeschwerden schnell lindern kann. Du kannst Kamille auch bei Erkältungssymptomen wie Husten und Schnupfen einsetzen. Sie wirkt beruhigend und schleimlösend.

Sobald der in dem Kamillenextrakt vorhandene Wirkstoff Alpha Bisabolol isoliert wird, wirkt er weniger allergen und eignet sich daher auch besonders für empfindliche Menschen. Seine Antioxidantien schützen körpereigene Zellen durch „Freie Radikale“ vor Schädigungen, die u. a. durch schädliche Umwelteinflüsse, aber auch durch schlechte Angewohnheiten (z. B. Rauchen) entstehen können. Diese sogenannten „freien Radikale“ sind sehr aggressive, hochreaktive, chemische Sauerstoffmoleküle oder aber auch organische Verbindungen. Sie sind die hauptsächliche Ursache für viele Krankheiten und begünstigen u. a. das Wachstum von Krebszellen.

Die in der Kamille enthaltenen Flavonoide können u. a. vor Alzheimer und Herz-Kreislauf-Erkrankungen schützen und sein Öl hat durchblutungsfördernde Eigenschaften, die sich positiv auf die Magenschleimhaut auswirken können. Durch die bessere Durchblutung sondert die Schleimhaut mehr Magensaft ab, was dafür sorgt, dass die eingenommene Nahrung besser verdaut wird und somit schneller ins Blut gelangt.

In der Magie verwendet man Kamille als Mittel zum Anziehen von Geld. Sie erhöht die Fähigkeit, zu meditieren und Innenschau zu halten, und sie lindert Reizbarkeit. Hinzu kommt, dass sie vor Zaubersprüchen schützt.

Knoblauch (Allium sativum)

Auch als Furzkraut und Knofel bekannt, ist Knoblauch eine Gewürz- und Heilpflanze aus der Familie der Zwiebelgewächse. Er erhielt seinen Namen vom althochdeutschen „klobolouth“, was so viel bedeutet wie „gespaltener Lauch“. Einer Sage zufolge wächst dieses Kraut überall dort, wo der Teufel beim Verlassen des Paradieses seinen linken Fuß hingesetzt hat. Dies ist einer der Gründe, warum Knoblauch als ein starkes Abwehrmittel gegen negative astrale Einflüsse, böse Geister, Hexen und Vampire eingesetzt wird. Er wird über die Eingangstür oder auch über das Bett gehängt, um Dämonen zu vertreiben. Zusätzlich soll Knoblauch noch heute vor Energievampiren schützen. Zudem wirkt es auch als natürliches Antibiotikum und es ist ein hervorragendes Mittel gegen Erkältungen und Infektionen, da es das Immunsystem stärkt.

In der Antike setzte man Knoblauch zur Steigerung der Libido und der Potenz ein. Es wurde sogar herausgefunden, dass „der feuchte Beweis“ der weiblichen Lust die gleichen Bestandteile enthält wie das flüchtige Öl, das sich im Knoblauch befindet.

Zudem enthält diese Zauberpflanze viele Antioxidantien und die Vitamine A, B1, B2, B3, B5, B6, B7, B9, C, D, E und K sowie Zink und Mangan und ist somit ein wichtiger Vitaminlieferant für den Alltag. Das in ihm enthaltende Zink und Mangan stärkt die Knochen und unterstützt die Knochenbildung. Er senkt den Blutdruck und das Cholesterin (zu hohe Blutfettwerte), verbessert die Durchblutung der Herzkranzgefäße, regt den Appetit, den Stoffwechsel und die Verdauung an und wirkt dank des in ihm enthaltenen Hauptwirkstoffes Allicin entzündungshemmend.

Allicin ist ein ätherisches Öl, das verantwortlich ist für den speziellen Geschmack und seinen Geruch nach verfaulten Eiern und Schwefel. Es erhöht den Spiegel zweier wichtiger Antioxidantien im Blut, die wiederum freie Radikale bekämpfen. Auf diese Weise werden Schäden an Körperzellen repariert und ihr Alterungsprozess wird verlangsamt.

Geschichten zufolge wurde Knoblauch von den römischen Soldaten als Hilfe gegen Fußpilz bei langen Märschen genutzt. Es wird sogar vermutet, dass diese Knolle auch gegen die Pest wirksam sei.

Knoblauch benötigt Luftkontakt, um seine volle Heilwirkung entfalten zu können, daher solltest du ihn gut zerkleinern, pressen oder reiben. Damit er auch beim Erhitzen (Braten und Kochen) seine Wirkung beibehält, sollte er 10 Minuten vorher zerkleinert werden. Ein regelmäßiger Genuss wird vor allem den älteren Menschen empfohlen, da das Lauch zur Vorbeugung von Herzinfarkten, Schlaganfällen und Thrombose geeignet ist.

Wissenschaftler vom Weizmann Institute, Israel, haben herausgefunden, dass der in frischem, rohem **Knoblauch** enthaltene Wirkstoff Allicin vor allem für die antibakterielle, antifungale und antimykotische (beides gegen durch Pilze verursachte Erkrankungen), sowie antivirale Wirkung der Knolle verantwortlich ist und aus diesem Grund auch wirksam gegen Krebszellen sein soll. Am effektivsten ist Knoblauch demnach gegen Dickdarmkrebs eingesetzt worden.

Königskerze (Verbascum)

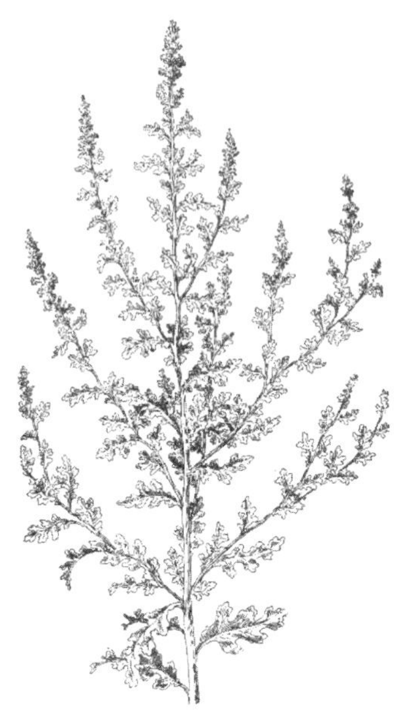

Die Königskerze gehört zu den Braunwurzgewächsen bzw. Rachenblütlern und enthält große Mengen an Schleimstoffen. Daher wurde sie vorzugsweise in Hustentee-Mischungen verwendet; zusätzlich fanden sie aber auch ihren Einsatz als harntreibende Mittel oder gegen Rheumatismus. Äußerlich lässt sie sich zur Behandlung von Wunden nutzen oder zum Einreiben. Therapeutisch wird die Pflanze als Entzündungshemmer eingesetzt und zur Linderung bei Beschwerden an den Hämorrhoiden und selbst bei Erkältungskrankheiten wie Halsschmerzen, Heiserkeit und Reizhusten.

Königskerzen wurden damals gern in spezielle Kräutersträuße eingebunden, die man am 15. August zu Mariä Himmelfahrt in der Kirche weihen ließ. Wenn man sie in Pech eintauchte, konnte eine Königskerze auch hervorragend als Fackel dienen.

Kresse, Garten- (Lepidium sativum)

Die Gartenkresse und die echte Brunnenkresse (Nasturtium officinale), auch Wasserkresse genannt, sind mit Sicherheit jedem ein Begriff, wenn es darum geht, Quarkspeisen, Salate, Saucen und Suppen mit ihrem würzigen Geschmack zu verfeinern. Doch wird dem Verzehr von Kresse auch eine Reihe von heilenden Wirkungen zugesprochen.

In der traditionellen indischen Heilkunst (Ayurveda) wird Kresse bereits seit Jahrtausenden eingesetzt, da sie Durchfall, Muskelschmerzen, sexuelle Unlust und Viren bekämpft und wirksam gegen Atemwegserkrankungen, wie z. B. Asthma, und auch gegen eine Schilddrüsenüberfunktion vorgeht. Diese Pflanze ist hervorragend geeignet für das Herz-Kreislauf-System, sodass Thrombosen und Embolien reduziert werden. Dadurch sinkt das Risiko für Herzinfarkte und Schlaganfälle. Da Kresse eine harntreibende Wirkung hat, unterstützt sie den Körper beim Entgiften. Zudem ist sie sehr nährstoffreich und enthält viel Eiweiß und Vitamin C.

Durch den Verzehr von Kresse wird unser Körper mit dem wichtigen Spurenelement Jod versorgt. Jod wird von der Schilddrüse als wichtiger Baustein zur Bildung des Stoffwechselhormons Thyroxin benötigt. Dieses Hormon steuert zum einen die Energieversorgung im Körper, regt den Stoffwechsel an und unterstützt auch die Knochenbildung und Gehirnentwicklung. Die Senföle, die sich in der Kresse befinden, wirken harntreibend und desinfizierend. Das hindert mögliche Krankheitserreger daran, sich in Blase und Harnwegen festzusetzen. Darüber hinaus wird auch die Blase gestärkt und die Nierenfunktion verbessert. Verschiedene Pflanzenstoffe der Kresse erweitern die Gefäße. Auf diese Weise wird die Durchblutung gesteigert. Das sorgt für eine angenehme Körperwärme und beugt Kalkablagerungen vor, was wiederum vor Infarkt und Schlaganfall schützt. Weiterhin reguliert bzw. senkt Kresse den Blutzuckerspiegel, was für Diabetiker sehr interessant ist.

Die **Schwarze Königskerze** (Verbascum nigrum) hat nahezu die gleichen Heilwirkungen wie ihre diversen Schwesterpflanzen. Sie wirkt antiviral, entzündungshemmend, harntreibend, krampflösend, kreislaufanregend, reizmildernd und schweißtreibend.

Kümmel, echter (Carum carvi)

Meistens einfach nur Kümmel genannt, wird der echte Kümmel wegen seines außergewöhnlichen Aromas überwiegend als Gewürz verwendet. Kreuzkümmel trägt übrigens den lateinischen Namen „Cumin“ und hat ganz ähnliche Eigenschaften. Aber auch dieses Kraut wird heilerisch genutzt, da es positive Auswirkungen auf unseren Magen-Darm-Trakt hat sowie bei Appetitlosigkeit und Kreislaufproblemen genutzt werden kann.

Entdeckt wurde die Pflanze bereits vor 5.000 Jahren bei Ausgrabungen alter Pfahlbauten. Durch ihre verdauungsfördernden Eigenschaften findet sie ihren Weg vor allem in der Küche in schwer verdauliche Mahlzeiten. Sie wirkt aber auch antiseptisch, beruhigend, harntreibend und krampflösend. Aus diesem Grund wird Kümmelöl auch sehr gern zum Einreiben des Bauches genutzt, wenn ein Neugeborenes oder Kleinkind unter Bauchschmerzen (z. B. Dreimonatskoliken) leidet.

Weiterhin kann durch die Einnahme von Kümmel der Kreislauf gestärkt und die Verdauung reguliert werden. Die Durchblutung wird angeregt, Gallensäure wird vermehrt freigesetzt, die Magensaftproduktion wird positiv beeinflusst und die Milchproduktion wird, wie auch bei Fenchel, gefördert.

Zudem kann die Pflanze hilfreich bei Blähungen, Gicht, Husten, Kopfschmerzen, Menstruationsbeschwerden, Rheuma, Sodbrennen, Verstopfung, Völlegefühl und Zahnschmerzen eingesetzt werden.

Kurkuma (Curcuma longa)

Auch bekannt als Gelbwurzel, ist Kurkuma eine Pflanzenart innerhalb der Familie der Ingwergewächse. Sie stammt aus Südasien und das Rhizom (die Wurzel) duftet ähnlich wie Ingwer, verfügt allerdings über einen schärferen Geschmack. Lange Zeit geriet Kurkuma in Vergessenheit, doch seit einigen Jahren erlebt diese Pflanze eine Renaissance auch hier in Europa. Benutzt wird Kurkuma hauptsächlich zum Würzen von Speisen, es ist allerdings auch ein hervorragendes Mittel zur Behandlung von Arthrose und Arthritis und anderen entzündlichen Beschwerden. Es dient als Antiseptikum und viele Menschen schwören auch auf ihre Unterstützung, wenn es darum geht, das Gewicht zu reduzieren und Magen-Darm-Beschwerden auszukurieren.

Die Liste der Beschwerden und Krankheiten, bei denen dieses Allheilmittel helfen kann, ist tatsächlich sehr lang, sodass ich diese hier nur stichwortartig aufführe: Diese Gelbwurzel hilft, wenn man den zahlreichen Informationen aus dem Internet vertrauen kann, bei Asthma, Angstzuständen und Depressionen, Bluthochdruck, Demenz, Diabetes, Entgiftungen, Entzündungen, Erkältungen und Grippe, Gicht, Haarausfall, Hauterkrankungen (Akne, Pickel und Falten), Heuschnupfen und Allergien, Kopfschmerzen, Multipler Sklerose (MS), Parkinson, Schuppenflechte, Sodbrennen, Rheuma,

Zahnleiden und bei hohem Cholesterinspiegel sowie Narbenbildung. Kurkuma ist also ein Heilkraut, das sich wahrlich nicht nur bei den Kräuterhexen sehen lassen kann!

Lavendel, echter (Lavandula angustifolia)

Auch bekannt als Nervenkraut oder Speik, stammt der echte Lavendel ursprünglich aus dem Mittelmeerraum und leitet sich von dem Wort „Lavare" ab, was im Lateinischen so viel bedeutet wie „waschen". Auch wenn Lavendel selbst nicht zu reinigen vermag, so hüllt sein aromatischer Duft uns doch in einer Form von Frische und Klarheit. Kein Wunder, dass dieser besondere Geruch den Teufel zu vertreiben vermag! Der reinigende Lavendel wurde auch als Mittel gegen die Pest angewandt. Aber auch Ameisen sollen mit Lavendelduft auf sanfte Weise vertrieben werden können.

Noch heute baden gerade die Frauen gern in einem angenehmen wohltuenden Lavendelbad oder streuen seine Blüten auf den Boden, um die Luft frisch zuhalten. Der starke Geruch hat übrigens schon viele Damen ins Leben zurückgeholt, die auf oft unerklärliche Weise plötzlich in Ohnmacht fielen.

Das Aufhängen kleiner Lavendelsäckchen ist auch beliebt, um Kleidermotten und Pelzkäfer zu vertreiben. Medizinisch betrachtet hilft der Lavendel gegen Tuberkulose. Besonders verehrt, wuchs diese Heilpflanze bereits in den alten Bauern- und Klostergärten. Sie ist winterhart und wirkt sowohl antiseptisch als auch beruhigend, harntreibend und krampflösend. Eingesetzt wird Lavendel u. a. bei Asthma, Erschöpfung, Gicht, Herz- und Kreislaufbeschwerden, Husten, Ischias-Schmerzen, Migräne, Nervenleiden (wie Nervosität, Neuralgien und Nervenschwäche), Rheuma und bei Schlaflosigkeit. Schon unsere Vorfahren wussten es sehr zu schätzen, ein kleines getrocknetes Sträußchen Lavendel unter ihrem Kopfkissen liegen zu haben.

Hildegard von Bingen empfahl bei Lungenbeschwerden den Lavendelwein. Das Rezept hierfür findest du dann weiter hinten im Kapitel „Kräuter-Rezepte"!

Vielleicht gelingt es dir einmal, nach Südfrankreich zu reisen, dort in der Provence die blühenden Lavendelfelder zu besuchen und bewusst in ihr tiefes Blau einzutauchen. Allein die Erfahrung könnte sehr heilsam sein.

Linde (Tilia)

Unterschieden wird hier zwischen der **Winterlinde** (Tilia platyphyllos) und der **Sommerlinde** (Tilia cordata), sie gilt als Glücksbringer, Schutzbaum und als Freund der Menschen. Abgeleitet wird der Name dieses Baumes von der Bezeichnung „lind" (geschmeidig, weich), da sein Bast geschmeidig und sein Holz sehr weich ist. Aus diesem Grund wird es auch sehr gern zum Schnitzen genutzt. Sein Reichtum an Bastfasern ist hier hervorzuheben, denn aus ihnen wurden einst Kleider gewoben.

Die Linde ist ein weitverbreiteter Hausbaum und Straßennamen wie „Unter den Linden und „Lindenallee" weisen darauf hin, dass es früher viele Alleen gab, die auf beiden Seiten von Linden gesäumt waren. Im Laufe des Industriezeitalters und der steigenden Anzahl von Autos wurde der Bestand immer weiter geschmälert, da sie keine Abgase vertragen und deswegen immer mehr verkümmerten. Ganz verschwunden ist die Linde glücklicherweise jedoch nicht, denn sie findet sich noch heute oftmals als Mittelpunkt in Dörfern und kleineren Orten wieder und überall dort, wo sich geselliges Leben abspielt. Mit ein paar Brettern drumherum und einem Geländer wurde sie schnell zu einem „Tanzsaal im Freien" umfunktioniert und die Menschen halten sich noch heute sehr gern in ihrem kühlen Schatten auf.

Löwenzahn (Taraxacum officinale)

Löwenzahn gehört zu den Korbblütlern und ist vielen von uns als Butterblume, wilde Zichorie oder – in einem späteren Stadium – als Pusteblume bekannt. Er wird schon seit Jahrhunderten zur Behandlung von Galle- und Leberleiden eingesetzt. Zudem hilft die Pflanze aber auch bei Fieber und Verdauungsbeschwerden. In der heutigen Zeit findet Löwenzahn immer mehr Einzug in die europäische Küche und seine Wurzel wurde nicht nur in Notzeiten als Kaffeeersatz genutzt. Entsprechende Rezepte findest du im Kapitel „Kräuter-

Rezepte". Löwenzahn gehört zu den wenigen Wolfsmilchgewächsen, die nicht giftig sind. Trotzdem sollte man die Berührung mit seinem weißen Milchsaft, der sich vorwiegend in den Stängeln befindet, meiden, da er vor allem bei sensibler Kinderhaut Reizungen hervorrufen kann.

AUSNAHME: Für eine äußerliche Anwendung kann der weiße Milchsaft direkt auf spezielle, problematische Hautstellen mehrmals täglich aufgetragen werden, wie z. B. auf Hühneraugen, Hornhaut, Insektenstiche, juckende Stellen und auf Warzen. Optional kannst du den kompletten frischen Löwenzahn auch mit ein wenig Wasser zu Brei mischen und dann auf die betroffenen Stellen auftragen.

Diese Pflanze ist wahrlich auch ein Tausendsassa, denn sie wirkt antidiabetisch, antioxidativ, blutdrucksenkend, choleretisch (meint: den Gallenfluss fördernd), entzündungshemmend, krampflösend, entgiftend, regt den Stoffwechsel an, schützt die Leber, unterstützt die Nierenfunktion, löst Verspannungen (vor allen Dingen die Blütenessenz) und stärkt die Darmflora. Außerdem wird ihr nachgesagt, dass sie Gicht heilen kann und den kontrollierten Selbstmord von Krebszellen fördert (Apoptose).

Therapeutisch und präventiv eingesetzt, hilft Löwenzahn bei Adipositas (Übergewicht), Appetitlosigkeit, Blähungen, Diabetes (Typ 2), Sodbrennen und Verdauungsbeschwerden. Zudem unterstützt sie uns dabei, aufgestaute Wut zu verarbeiten.

Lotusblume, indische (Nelumbo nucifera)

Der Lotus (die indische Seerose) besitzt eine einzigartige symmetrische Form und die Fähigkeit, jeden Tag aufs Neue zu erblühen. Ihre Wurzeln reichen tief in den schlammigen Abgrund eines Teiches oder anderer Gewässer und werden im Schlamm geboren, um dann an der Wasseroberfläche aufzutauchen und uns mit ihrer sagenhaften Blüte zu erfreuen. Der Lotus inspiriert die Welt mit seiner Schönheit und trägt nicht nur im Hinduismus eine spirituelle Bedeutung. Diese Blüte steht als Symbol für Erfolg, Ewigkeit, Fruchtbarkeit, Reinheit und Schönheit.

In Ägypten wurden diese Blumen für kleine irdische Sonnen gehalten und die Menschen dort nahmen an, dass sich die Verstorbenen in diese wundersamen Pflanzen verwandelten. Nachweislich soll der Lotus seit Millionen von Jahren auf unserer geliebten Mutter Erde existieren und vor der Eiszeit auf beiden Seiten des Äquators geblüht haben.

Gemäß einer buddhistischen Legende soll Buddha unsere Welt auf einer riesigen Lotosblüte erreicht haben und in ihrem Glauben verbinden die Buddhisten diese Blume mit dem reinen Wunsch, zu leben, unabhängig davon, was geschehen wird. Die Lotusblume inspiriert die Menschen, zu glauben, dass sie immer all ihre Schwierigkeiten überwinden und größer daraus hervorgehen können. Die Hindus nehmen an, dass ihnen diese Heilige Blume ihren Seelenfrieden bringen wird. In China gilt die Lotosblüte als Symbol für eine gute Ehe, da sich die Laute von „Lotus“ und „Liebe“ in ihrer Sprache sehr ähneln.

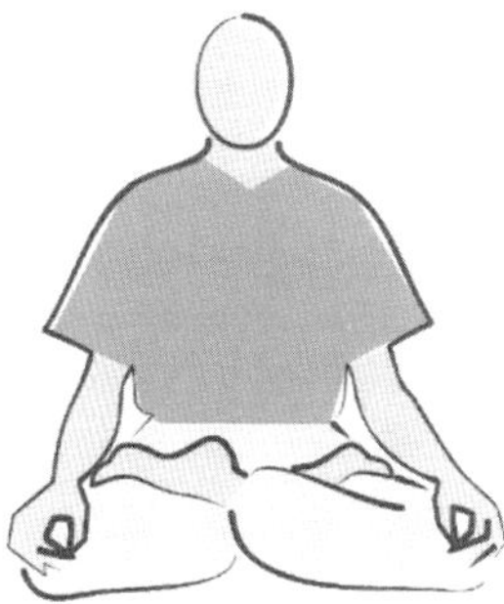

Falls du dich ein wenig mit Yoga beschäftigst, hast du sicher auch schon von dem „Lotussitz“ gehört, bei dem die Menschen mit verschränkten Beinen meditieren oder andere Übungen verrichten. Diese Pose hilft ihnen dabei, ihren Geist von ablenkenden Gedanken zu befreien und sich zu konzentrieren.

Kräuterhexen verwenden die ganze Pflanze der Lotusblume. Aufgrund ihrer zahlreichen Inhaltsstoffe (u. a. Gerbsäure, Fettsäuren, Linolensäure und Linolsäure, Vitamin A und C, Eisen, Mangan, Kupfer, Zink und Kalium) dient sie vielen Anwendungsgebieten: Atemwegserkrankungen, Blutdruck, Fieber, Infektionen, Krebsvorsorge, Menstruations- und Verdauungsbeschwerden, Nierenschwäche, Verschleimung, Schlafstörungen und Stärkung des Herzens.

Maiglöckchen (Convallaria majalis)

Auch bekannt als „Niesekraut“ (nomen est omen), ist das Maiglöckchen ein zierliches, kleines, weißes Blümchen, das es in sich hat, denn vielen Menschen ist bis heute nicht bekannt, dass diese Blume sehr giftige Substanzen enthält, die bereits bei kurzen Berührungen schmerzhafte Augen- und Hautreizungen hervorrufen kann. Wird sie fälschlicherweise für Bärlauch gehalten (siehe die Information dazu weiter oben), kann dies tödliche Auswirkungen haben.

Natürlich bringt diese harmlos scheinende Pflanze auch viel Positives mit sich, denn sie wurde schon seit Menschengedenken als Glücks- und Liebessymbol gesehen. Dies ist einer der Gründe, warum sie auch gern in Brautsträußen eingebunden wird, immerhin drückt sie „innige Liebe“ aus, ihre Blüten stehen für Reinheit und das Blattgrün steht für Hoffnung.

„Wer Maiglöckchen am 1. Mai bei sich trägt, soll das ganze Jahr Glück haben!“

Dieser Spruch stammt noch aus der Zeit der Renaissance, der Verfasser ist leider unbekannt. Schon in der Antike galt das Maiglöckchen als Liebesgruß. So soll Apollo mit diesen stark duftenden Blumen seinen Musen einen weichen Teppich bereitet haben. Als die Blüten dann im Mittelalter in Europa Einzug hielten, befestigten Männer diese über der Tür ihrer Angebeteten. Als dann Karl IX. im Jahre 1560 die Glöckchen an die Damen verschenkte, um ihnen den Hof zu machen, wurde diese Form des Liebesgrußes auch gesellschaftlich anerkannt und der Brauch breitete sich schnell landesweit aus. Mittlerweile ist in Frankreich der 1. Mai seit 1947 ein offizieller Feiertag und es ist bis heute dort Sitte, am „Maiglöckchen-Tag“ (jour de muguet) in den Wald zu gehen, um dort diese zarten Pflanzen zu pflücken und die Maiglöckchen-Sträuße dann auf den Straßen zu verkaufen. Diese Sträußchen werden dann als Glücksbringer (porte-bonheur) an die Liebsten verschenkt. Eine wahrlich alte Tradition, die mit dem heutigen Valentinstag nicht einmal ansatzweise zu vergleichen ist.

Zur Umsetzung dieses alten Brauches hier noch ein Tipp für dich: Maiglöckchen sollten nicht mit einer Schere abgeschnitten werden. Zupfe die Stängel mit den Fingern ab und stelle die Blümchen dann in die Vase. Auf diese Weise hast du länger Freude daran!

Die Heilwirkung dieser Pflanze betreffend, wurde damals angenommen, dass, wenn man sich mit den Blüten der Maiglöckchen das Gesicht abreibt, vorhandene Sommersprossen verschwinden.

In der Homöopathie werden Maiglöckchen bei Herzerkrankungen eingesetzt. Die in der Blume enthaltenen herzwirksamen Glykoside (diese dienen zur Abwehr pathogener Keime oder auch zum Schutz vor Fressfeinden) befinden sich in den Blüten. Die Wirkung ähnelt jener, welche die Inhaltsstoffe des Roten Fingerhutes (Digitalis purpurea L.) hervorrufen. Außerdem wirken Maiglöckchen stark abführend, brechreizerzeugend, harntreibend und krampflösend.

Früher waren die Stiele auch schon mal Bestandteil des Schnupftabaks, da sie angeblich das Gehirn reinigten. Aber das wohl Bedeutendste ist, dass die Ärzte des Humanismus, für die Maiglöckchen noch als „das Hauptherzstärkungsmittel" galten, diese Blume als Berufs-Emblem als „salus mundi", Heil der Welt, wählten.

Mädesüß, echtes (Filipendula ulmaria)

Das echte Mädesüß ist eine der heiligen Pflanzen der keltischen Druiden. Im Mittelalter benutzte man dieses magische Kraut zum Süßen von Met. **Met** ist ein Honigwein; er ist eines der ältesten alkoholischen Getränke der Welt, die damals gebraucht wurden. Die Heilwirkung verdankt die Wiesenkönigin ihren entzündungshemmenden, fiebersenkenden und schmerzstillenden Eigenschaften. Aufgrund dessen wird das Mädesüß vorwiegend bei Erkältungskrankheiten und bei rheumatischen Beschwerden eingesetzt, findet aber auch Anwendung bei chronischen Kopfschmerzen sowie Gicht und lindert leichte Gelenkschmerzen.

Zudem verfügt das Kraut über Diuretikum. Dies ist ein Wirkstoff, der durch eine verstärkte Harnerzeugung in den Nieren eine vermehrte Ausschwemmung von Urin bewirken kann. So unterstützt ihre aquaretische (wassertreibende) Wirkung die Behandlung von Blasen- und Nierenbeschwerden. Die blühende Sprosse wird auch gern bei Magenübersäuerung eingesetzt.

ACHTUNG: Mädesüß enthält Salicylsäure, sodass diese Pflanze bei einer bestehenden Salicylsäure-Unverträglichkeit nicht eingesetzt werden sollte, da es u. a. zu Krankheitsbildern wie Asthma, Polypen und Urtikaria (Nesselsucht) führen kann.

Mariendistel (Silybum marianum)

Auch bekannt als Christi Krone, Silberdistel oder Fieberdistel, verdankt die Mariendistel ihren Namen den typischen weißen Zeichnungen auf ihren Blättern, bei denen es sich Überlieferungen zufolge um die Milch der Jungfrau Maria handeln solle, die auf ihre Blätter tropfte.

Ihre Samen werden medizinisch vor allem bei Magen-Darm-Erkrankungen (wie z. B. Bauchschmerzen, Blähungen, Sodbrennen, Übelkeit und Völlegefühl), Knochenerkrankungen (Osteoporose), bei Pilzinfektionen, zur Entgiftung und Stärkung der Leber, zur Anregung von Gallensekretion sowie zur Stärkung der Abwehrkräfte und des kompletten Immunsystems verwendet.

Diese Art der Distel wird jedoch auch antioxidativ, antiviral (zur Hemmung von Viren), appetitanregend, entzündungshemmend und fiebersenkend eingesetzt und zur Senkung von hohen Cholesterinwerten. Hinzu kommt, dass ihr Wirkstoff Silymarin sich schützend auf unsere Gehirnzellen auswirkt.

Der Mariendistel wird nachgesagt, dass auch sie das Wachstum von Krebszellen verhindert. Auf psychischer und physischer Ebene unterstützt sie bei der Entgiftung des Körpers, sorgt für allgemeines Wohlbefinden und wirkt sich positiv auf unsere Stimmung aus. Vielleicht hast du ja bereits davon gehört, dass die Leber jenes Organ ist, das mit Stimmungen wie Melancholie in Zusammenhang gebracht wird. Leidet ein Mensch zum Beispiel unter Depressionen, sollte seine Leber deshalb stets mitbehandelt werden. Das kann auch mit Hilfe der Mariendistel erfolgen, die positive Wirkungen auf die Leber hat.

Melisse (Melissa officinalis)

Auch als Bienenkraut, Frauenwohl, Herztrost oder Zitronenmelisse bekannt, ist die Melisse besonders bei den Imkern beliebt, da ihr Zitronenduft Bienen anzulocken vermag. Das Wort „melissa“ bedeutet übrigens „Biene“. Sie gilt aufgrund ihrer zahlreichen Eigenschaften jedoch auch als begehrtes Heilkraut.

Dieses aromatische Gewächs wirkt – je nach Medikation – sowohl anregend wie auch entspannend, antibakteriell, aufmunternd, beruhigend, krampflösend, kühlend, pilzabwehrend, schmerzstillend, schweißtreibend, stressreduzierend, verdauungsfördernd und virenhemmend. Genutzt werden vorwiegend ihre Blätter und die blühenden Sprossen.

Eingesetzt wird die Melisse in der traditionellen Heilkunde vorwiegend bei Frauenbeschwerden (Menstruationsschmerzen, prämenstruellen Syndromen), die mit Depressionen und Stimmungsschwankungen einhergehen können, sowie bei Schilddrüsenüberfunktion und Schlafstörungen. Bei Kindern wird sie hauptsächlich gegen Bauchschmerzen genutzt.

Melisse enthält ätherische Öle, Gerbstoffe sowie Kaffee- und Rosmarinsäure, dadurch wirkt sie stimmungsaufhellend. Dies ist wohl auch der Grund, warum ihr nachgesagt wird, dass sie trübe Stimmungen vertreibt und unsere Seele aufhellt.

Minze, grüne (Mentha piperita und Mentha spicata)
Die grüne Minze gehört zu den Lippenblütlern und ist wohl eine der bekanntesten Teepflanzen überhaupt. Die **Pfefferminze** (Mentha piperita), die vorwiegend krampflösende Eigenschaften aufweist, findet sich geschmacklich sehr oft in Kaugummi und Zahnpasta wieder. Die grüne Minze wirkt erfrischend und wird in der Naturheilkunde zusätzlich wegen ihrer antiseptischen, blähungstreibenden, leicht schmerzstillenden, schweißtreibenden und verdauungsfördernden Eigenschaften geschätzt.

Das Menthol, das bei der Minze enthaltene ätherische Öl, wirkt gerade bei Spannungskopfschmerzen ausgezeichnet und kann Arzneimittel wie Paracetamol in jedem Fall ersetzen. Durch die hohe Konzentration von Menthol wirkt das Öl betäubend. Es hemmt die Botenstoffe Serotonin (ein Neurotransmitter) und Substanz P (bewirkt eine starke Erweiterung der Blutgefäße und steigert die Durchlässigkeit der Gefäßwand), welche überhaupt erst Kopfschmerzen hervorrufen. Botenstoffe sind im Übrigen extrem wichtig für die Informationsübertragung zwischen den Zellen eines Organismus.

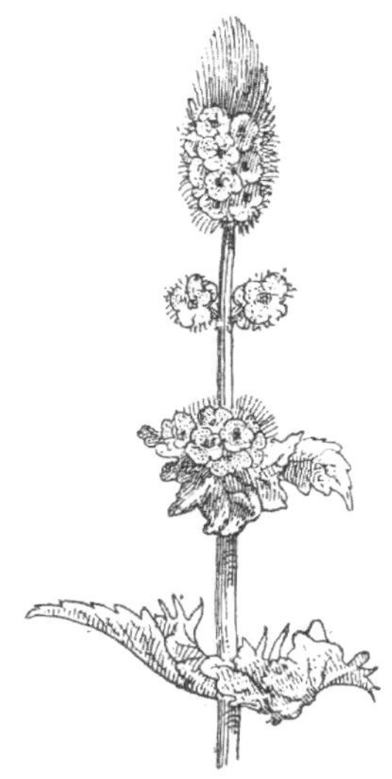

Weitere Anwendungsgebiete dieses Krautes sind: Blähungen, Bronchitis, Durchfall, Erkältungen und grippale Infekte, Fieber, Husten, Kopfschmerzen, Krämpfe, Migräne, Mundgeruch, Herzschwäche, Rheuma, Schnupfen, Übelkeit und Magen-Darm-Leiden, Reizdarm, schlecht verheilende Wunden und eine verstopfte Nase. In diesem Zusammenhang ist das „China-Balsam“ und ein kleines Mini-Inhalationsgerät, in dem sich ebenfalls Minzöl befindet, hervorzuheben, da schnell wirksam!

Mistel (Viscum Album)

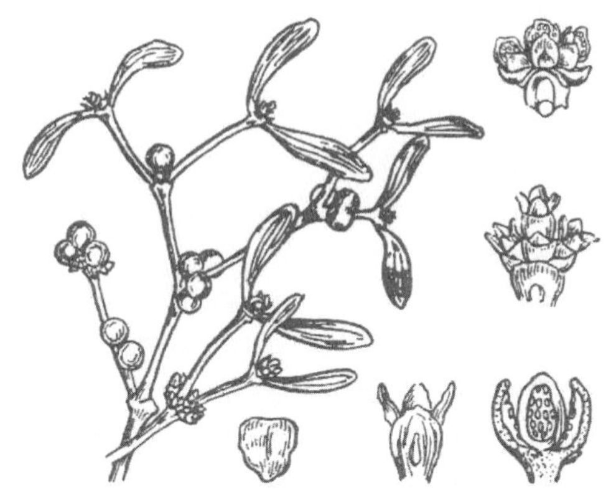

Die Mistel ist auch bekannt als Druidenfuß und ein Halbschmarotzer, der auf den unterschiedlichsten Laub- und Nadelbäumen zu finden ist. Für die keltischen Druiden (Hohepriester in Gallien und Britannien) galt die immergrüne Pflanze als geheimnisvoll und heilig. Ihr wurden sogar zauberhafte Kräfte nachgesagt, sodass sie eine unverzichtbare Zutat in ihren Zaubertränken war.

Angeblich schütze die Mistel vor Feuer und sie hindere böse Geister und Hexen daran, in ein Haus einzutreten, wenn ein Mistelzweig an der Hauswand angebracht war. Auch sagte man ihr nach, dass sie Glück bringen solle. Letzteres könne jedoch nur geschehen, wenn man die Mistel als Geschenk erhielt, sich also nicht selbst besorgte. Ihre vergabelte Form der Zweige machte sie zu einem Vorbild für die spätere Wünschelrute. Die Mistel wirkt antikarzinogen, blutdrucksenkend, blutstillend, krampflösend und stärkt das Immunsystem.

Seine wahre Heilkraft offenbarte dieses Gewächs, als erkannt wurde, dass es nicht nur bei Bluthochdruck oder als Narkotikum eingesetzt werden kann, sondern auch bei verschiedenen Krebserkrankungen in Form eines homöopathischen Mittels anzuwenden ist.

Sicher kennst du den uralten Brauch, dass sich zwei Menschen, die sich gemeinsam unter einem Mistelzweig wiederfinden, küssen sollten. Doch weißt du eigentlich, woher dieser Habitus kommt?

In längst vergangenen Zeiten versöhnten sich Feinde als Symbol des Friedens unter der Mistel und gaben sich den Friedenskuss.

Mohn (Papaver somniferum)

Der Mohn ist auch als „Schlafmohn" bekannt, wird schätzungsweise bereits 4.000 Jahre genutzt und ist somit eine der ältesten Heilpflanzen, die uns derzeit bekannt sind. Er ist nicht nur eine beliebte Zutat in Gebäck, sondern es ist vor allem eine Heilpflanze mit einer sehr starken Wirkung. Der Mohn wird, im Vergleich zum Klatschmohn, vorwiegend bei körperlichen Beschwerden angewendet, da er wesentlich stärkere Wirkstoffe enthält. Der wohl bekannteste Inhaltsstoff ist Opium, das hauptsächlich im Milchsaft dieser Pflanze zu finden ist. Gewonnen wird das Rohopium übrigens aus dem getrockneten Milchsaft. Das bekannte Rauschmittel kann bei übermäßigem Genuss und dauerhafter Einnahme starke, bleibende Schäden anrichten und abhängig machen. Wird es jedoch nur vorübergehend eingenommen, so hat Mohn eine durchaus beruhigende und betäubende Wirkung. Aufgrund des Missbrauchs von Opium unterliegt der Gebrauch strengen gesetzlichen Bestimmungen und es darf keinesfalls frei angebaut werden. Angewendet wird dieses Heilkraut u. a. bei Epilepsie, hohem Blutdruck, Depressionen, Hustenkrämpfen, Schlafstörungen, Schmerzen und Verkrampfungen.

Im Vergleich zum Schlafmohn nutzt man bei **Klatschmohn** (Papaver rhoeas) vorwiegend die Blütenblätter statt des isolierten Milchsafts. Dadurch ist es ein eher leichtes Beruhigungs- und Schlafmittel und wurde damals sogar Kindern verabreicht. Mittlerweile dürfen Medikamente, die Klatschmohn enthalten, jedoch auch nur unter ärztlicher Aufsicht eingesetzt werden.

Mönchspfeffer (Vitex agnus-castus)

Sein Name hat tatsächlich eine tiefgreifende Bedeutung, denn in der Antike galt Mönchspfeffer als Keuschheitssymbol, da er angeblich in der Lage war, die sexuellen Begierden der Mönche zu unterdrücken. Allerdings war hierbei auf die richtige Einnahme zu achten, denn nur eine hohe Dosis hemmte die Libido; eine geringe Dosis steigerte diese.

Die Damen unterstützte dieses Heilkraut bei ihren Menstruationsbeschwerden und während der Menopause.

Heutzutage wissen wir, dass Mönchspfeffer ebenso in der Lage ist, den Zyklus der Frauen zu regulieren, um bei Kinderwunsch eine Schwangerschaft herbeizuführen. Das in ihm enthaltene Hormon Prolaktin ist hervorzuheben, denn es leistet seinen Beitrag, um in der Schwangerschaft die Brustdrüsen wachsen zu lassen, es unterstützt die Milchsekretion in der Stillzeit und löst bei den werdenden Müttern den sogenannten Nesttrieb aus. Mönchspfeffer leistet somit einen sehr wichtigen Beitrag, um die Produktion sowie die Ausschüttung der verschiedenen Hormone zu normalisieren.

Nachtkerze, gewöhnliche (Oenothera biennis)

Wer kennt sie nicht, diese zauberhafte Pflanze, die erst in der Dunkelheit ihre wahre Schönheit entfaltet, wenn sich im Schein des Mondes ihre großen, gelben Blüten prachtvoll öffnen und ihren typisch prägnanten Geruch verströmen?!

Das Gerücht, dass die Nachtkerze giftig sein soll, hält sich hartnäckig, doch behält auch dieses Kraut besonders bei Hautproblemen wahre Zauberkräfte für uns bereit. Es bekämpft Akne, beruhigt trockene Haut, beugt Hautirritationen vor, schützt vor frühzeitiger Hautalterung und lindert Beschwerden, die vor allem in den Wechseljahren auftreten können. Dieses natürliche Heilmittel wird sowohl in der Forschung als auch in der Kosmetikbranche (wie z. B. bei Hautpflege-Produkten) immer beliebter.

Bei rheumatischen Erkrankungen wird die Pflanze in Form von Umschlägen eingesetzt. Weiterhin bietet sie therapeutische Anwendung bei Husten- und Verdauungsbeschwerden. Die Nachtkerze ist hauptsächlich wegen ihres kostbaren Öls bekannt. Dabei können auch ihr Blattgrün und ihre Wurzeln verzehrt werden. Sein Öl, das auch über Vitamin E verfügt, ist besonders wertvoll für unsere Gesundheit und befindet sich in seinen Samen, die zudem wertvolle Gamma-Linolensäure und mehrfach ungesättigte Omega-6-Fettsäuren enthalten. Diese Fettsäuren stärken die Hautbarriere und wirken entzündungshemmend. Im Übrigen sind sie für die Aufrechterhaltung der Gehirnfunktionen zuständig und haben positive Auswirkungen auf Krankheiten wie Neurodermitis oder einen zu hohen Blutdruck.

Übrigens kommt das Nachtkerzenöl nicht nur bei Menschen zur Anwendung, denn auch unsere tierischen Freunde profitieren von seiner Wirkung, indem ihr Futter mit diesem heilsamen Öl angereichert wird. Und sollte ein Vierbeiner unter Hautproblemen oder Parasitenstichen leiden, so wird das Nachtkerzenöl auf seine Haut aufgetragen. Dies beruhigt die jeweilige Hautpartie, desinfiziert diese und schenkt Linderung.

Odermennig, kleiner (Agrimonia eupatoria)

Schon in der Antike war Odermennig aufgrund seiner großen Heilkräfte sehr beliebt. Die Pflanze, auch als „Ackerkraut“ bekannt, wurde früher zum Gelbfärben von Naturfasern verwendet, doch nutzte man seine blühenden Sprossspitzen auch für Heilbehandlungen, wie z. B. bei Appetitlosigkeit, zu hohen Blutzuckerwerten, Darminfektionen, Entzündungen im Mund- und Rachenbereich sowie bei Juckreiz, Lebererkrankungen, zur Wundbehandlung und bei Verdauungsbeschwerden.

Dank seiner Gerbstoffe wird das Kraut auch bei Durchfall sowie bei Galle-, Leber- und Magenbeschwerden angewendet. Odermennig wirkt antiviral, blutreinigend, entzündungshemmend, krampflösend, krebsfeindlich und leicht verstopfend.

Oregano siehe hierzu den Eintrag bei „Dost“

Petersilie, krause (Petroselinum crispum)

Zur Zeit der Pharaonen spielte Petersilie in Ägypten eine wichtige Rolle im Totenkult. Verstorbene wurden häufig mit Kränzen aus Petersilie bestattet. Den Griechen wurde nachgesagt, dass sie Petersilienkränze zu festlichen Anlässen auf ihren Köpfen trugen. Sogar Herkules soll sich mit einem solchen Kranz geschmückt haben, da dieser damals dem Lorbeerkranz gleichstand. Im Mittelalter wurde das Kraut als Geister- und Hexenvertreiber eingesetzt.

Gleichzeitig fand die **glatte Petersilie** (Petroselinum neapolitanum), die einen kräftigeren Geschmack besitzt, Einzug in die Küche. Noch heute wird ihr nachgesagt, dass sie über ein außergewöhnliches Stimulans verfügt.

Gesundheitlich gilt die Petersilie als sehr vitaminreich und der Presssaft aus den frischen Blättern soll die Haut vor Mückenstichen schützen. Eingesetzt wird die Pflanze in der Kräuterheilkunde bei Erkrankungen der Harn- und Geschlechtsorgane und bei Leberleiden, wie z. B. Gelbsucht.

Schon Hildegard von Bingen erklärte, dass ein aus Petersilie gekochter „Herzwein“ (das Rezept hierzu findest du im Kapitel „Kräuter-Rezepte“) als Universalmittel für vielerlei Herzbeschwerden eingesetzt werden könne und der Entgiftung diene.

Quitte (Cydonia oblonga)

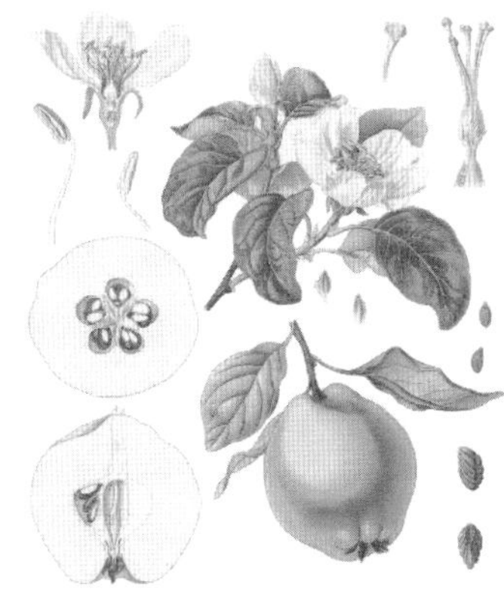

Ursprünglich stammt der Quittenbaum aus Asien und wird bereits seit vielen Jahrhunderten in der Alten Welt kultiviert. Erst in der Antike kam er über den Balkan nach Europa. Seine Früchte duften nicht nur hinreißend, sie sind auch sehr schmackhaft, vitaminreich und werden zu therapeutischen Zwecken u. a. bei Behandlungen von Verdauungsbeschwerden (krankhafter Durchfall), Erkältungskrankheiten, Hautreizungen und leichten Verbrennungen eingesetzt. Damals nutzte man die Quitte auch zum Färben von Naturfasern.

Quitten enthalten viele Wirkstoffe, wie z. B. Vitamin C, verschiedene Mineralstoffe und Spurenelemente, Gerbsäuren wie Tannine (wirken bei Durchfall) und vor allem Kalium, das in unserem Organismus sehr wichtig für den Blutdruck sowie die Funktion von Herz, Nerven und Muskeln ist. Weitere Inhaltsstoffe der Quitte sind Pektine.

Pektine sind lösliche Ballaststoffe, die nicht nur für die Herstellung von Gelees und Marmeladen genutzt werden, sondern gesundheitlich betrachtet die Blutwerte und den Cholesterinspiegel senken, bei Bleivergiftungen eingesetzt werden und sogar radioaktive Stoffe binden können.

Pektin wirkt präbiotisch und wirkt sich also positiv auf die Darmflora aus. Zudem unterstützt es die Verdauung und kann beim Abnehmen helfen. Zu guter Letzt haben diese Wirkstoffe auch noch krebshemmende Eigenschaften.

Ringelblume (Calendula officinalis)

Die Ringelblume, auch bekannt als Ringelrose oder Warzenkraut, zählt zu den beliebtesten Heilkräutern überhaupt und ist in vielen Gärten zuhause. Sie gehört zu den Pflanzen, die zur Behandlung von Hautentzündungen eingesetzt werden. Sie wirkt nicht nur abschwellend, adstringierend, austrocknend, blutstillend, entzündungshemmend und anregend, sondern auch antibakteriell, krampflösend, pilztötend und schweißtreibend.

Eingesetzt wird sie vor allem in Form der allseits bekannten Calendula-Salbe, u. a. bei Afterjucken (eine unangenehme Begleiterscheinung bei Hämorrhoiden), Angstzuständen, Blutergüssen, Brechreiz, leichten Brandverletzungen, Ekzemen, Entzündungen oder Vereiterungen, Leberschwäche, Magen-Darm-Leiden, Menstruationsbeschwerden, offenen Beinen, unreiner Haut (Pickel), Verstopfung, Warzen, Windeldermatitis, Wunden und Wundliegen sowie bei Zerrungen.

Wie du deine eigene Calendula-Salbe herstellen kannst, erfährst du im weiteren Verlauf des Ratgebers.

Rosmarin (Rosmarinus officinalis)

Sein ursprünglicher lateinischer Name ist „Ros Maris“, was übersetzt „Tau des Meeres“ heißt. Dies deutet darauf hin, dass die Pflanze vor allem gut an Küsten gedeiht. In Ägypten wurde sie für rituelle Räucherungen verwendet und in der Antike glaubten die Griechen daran, dass Rosmarin die Erinnerung auffrischen und den Geist stärken könne. So trugen dort die Studenten während ihrer Prüfungen das Kraut in ihren Haaren, um das Gedächtnis zu verbessern.

Abgesehen von der Vielzahl an Verwendungsmöglichkeiten zum Würzen in der Küche besitzt dieses vielseitige Kraut auch adstringierende, anregende, blähungstreibende, entzündungshemmende, harntreibende, krampflösende, tonische und sogar verdauungsfördernde Eigenschaften. Außerdem ist es ein Antiseptikum und verhindert daher auch Infektionen bei Wunden.

Sein ätherisches Öl ist das Cineol, auch Eukalyptus genannt. Dieses kommt u. a. bei Erkrankungen der oberen und unteren Atemwege zum Einsatz. Solltest du einmal völlig gestresst von der Arbeit heimkommen oder generell unter Anspannung leiden, so nimm ein Bad mit Rosmarin. Deine Nerven werden sich bereits nach kurzer Zeit beruhigen. Bist du danach vollkommen entspannt und möchtest dich deinem Lieblingsmenschen zuwenden, so kaue vorher etwas auf Rosmarin und du erhältst einen frischen Atem.

Rosskastanie (Aesculus hippocastanum)

Wenn wir den Kastanienbaum nicht gerade mit einem gemütlichen Stelldichein in einem Biergarten verbinden, erinnern wir uns stattdessen vielleicht an unsere Kindheit, in der wir mit ein paar Kastanien und Streichhölzern die schönsten Figuren bastelten.

Medizinisch betrachtet ist die Rosskastanie besonders in Lotionen und Salben zu finden – zur Anwendung bei Besenreisern, Blutergüssen, Durchblutungsstörungen, Gicht, Juckreiz (Hämorrhoiden), Rheuma, Venenschwäche, Krampfadern und Wadenkrämpfen. Sie ist schmerzlindernd und heilungsfördernd.

Aufgrund ihrer leichten Giftigkeit darf die Pflanze nur auf unverletzte Hautpartien aufgetragen werden. Auch sollte sie nicht verzehrt werden, da sie ansonsten im Verdauungstrakt Schaden anrichten könnte. Rezepte, wie du die Rosskastanie noch zusätzlich heilsam verwenden kannst, findest du im weiteren Verlauf des Ratgebers.

Rotklee (Trifolium pratense)

Der Rotklee, auch als „Wiesenklee“ bekannt, ist ein Schmetterlingsblütler und wird vor allem als Futterpflanze genutzt. Schon in unserer Kindheit wird uns beigebracht, dass ein vierblättriger Klee uns Glück bringen soll, doch es gibt noch weitere Geschichten und Mythen um ihn. So wird ihm auch nachgesagt, dass das Auffinden eines zweiblättrigen Klees einen neuen Liebhaber ankündigt.

Auch dieses Kraut besitzt ebenfalls viele medizinische Eigenschaften. Seine Blütenköpfe lassen sich antiseptisch bei Hautverletzungen oder leichten Verbrennungen anwenden. Zudem wird die Pflanze auch bei grippalen Infekten und bei Keuchhusten eingesetzt, da sie eine auswurffördernde Wirkung besitzt. Sie ist blutreinigend, entzündungshemmend und zellschützend, verbessert den Blutfluss, senkt den Cholesterinspiegel, beugt Gefäßerkrankungen, Osteoporose und Knochenschwund im Alter vor und schützt vor Prostataerkrankungen. Bei Fußpilz werden übrigens Umschläge mit Rotklee empfohlen. Zudem wird vermutet, dass Rotklee eine Anti-Aging-Wirkung besitzt, denn sie soll vor Sonneneinstrahlung schützen und die Bildung von Falten verzögern. Rotklee verstärkt im Übrigen die Wirkung von Östrogenen. Bei Schwangerschaft und in der Stillzeit sollte auf die Einnahme von Rotklee verzichtet werden.

Als Nahrungsmittel (z. B. in Salaten oder als Tee) hat Rotklee zwischenzeitlich auch seinen festen Platz in unserem Leben gefunden.

Safran, echter (Crocus sativus)

Der Safrankrokus hat optisch sehr viel Ähnlichkeit mit dem Krokus, der im Frühling in unseren Gärten erblüht, nur dass dieser erst im Oktober aus der Erde hervorsteigt und seine wunderschönen roten Blüten zeigt. Die fadenförmigen Narbenschenkel sind die eigentlichen Safranfäden, die mühsam von Hand gezupft und dann weiterverarbeitet werden. In der Antike nutzte man die Fäden bzw. deren intensive Farbe zum Schminken, während man mit dem inzwischen sehr kostspieligen Gewürz heutzutage vor allem asiatische Gerichte einfärbt.

ACHTUNG: In hohen Dosierungen ist echter Safran stark giftig!

Bereits im Christentum wusste man von seiner aphrodisierenden, herzstärkenden und kräftigen Wirkung und er diente als Halluzinogen und Opiumersatz. Beide trüben die Wahrnehmung.

Da Safran nachgesagt wurde, dass es den Geschlechtstrieb wesentlich erhöhe, wurde es auch in Gebäck und Kuchen verwendet, es wurde darin gebadet und Frauen sollen sich sogar Safranfäden in ihr Schamhaar geflochten haben. Was für Wonnefreuden!

In der ayurvedischen Medizin gilt Safran auch heute noch als ein wichtiges Liebesgewürz. Es wird in Tee und Wein gegeben, um die Sinnlichkeit zu steigern und für mehr Energie und Vitalität zu sorgen.

Salbei (Salvia officinalis)

Der Salbei hat so viele Namen, dass eine Aufzählung eine ganze Seite füllen würde. Daher verzichten wir an dieser Stelle darauf. Echte Kräuterhexen wissen jedoch, dass Salbei seinen Namen zum einen von „salvare" herleitet, was im Lateinischen „heilen" bedeutet, und zum anderen von „salvere", was so viel wie „gesund sein" heißt. In der Naturheilkunde wird er für seine vielfachen Wirkungsweisen sehr geschätzt. So wird ihm nachgesagt, dass er adstringierend, antibakteriell, antiseptisch, auswurffördernd, beruhigend, blähungstreibend, blutreinigend, entzündungshemmend, harntreibend, krampflösend, schmerzstillend, schweißtreibend, tonisierend (die Muskelspannung stärkend) und verdauungsfördernd ist.

Salbeitee wird vor allem bei Erkältungskrankheiten getrunken. Er stärkt das Immunsystem und wirkt sehr schnell gegen Halsschmerzen, bei Mandelentzündungen und wird auch bei Atemwegserkrankungen (z. B. Bronchitis), bei Frauenleiden sowie Magen-Darm-Beschwerden, Gelenkerkrankungen und Zahnfleischbluten eingesetzt. Bei Mundgeruch hilft es im Übrigen ebenfalls.

Sägepalme (Serenoa repens)

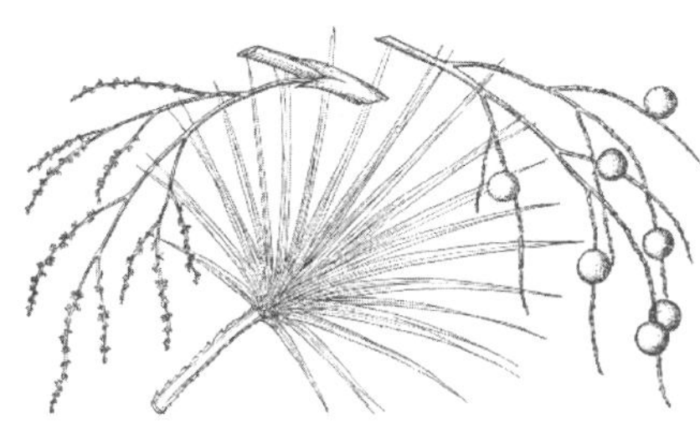

Ihre Früchte wurden bereits von den nordamerikanischen Ureinwohnern für heilerische Zwecke benutzt. Diese Pflanze gilt noch heute als das natürlichste Heilmittel bei Problemen mit der Prostata und anderen Harnwegserkrankungen, bei Gebärmutter- und Hodenentzündung sowie bei hormonellen Störungen wie Impotenz. Sie wirkt abschwellend, entzündungshemmend, harntreibend und hormonregulierend.

Was vor allen Dingen die männlichen Leser interessieren könnte: Die Sägepalme fördert das Haarwachstum und hilft gegen Haarausfall!

Schafgarbe, Wiesen- (Achillea millefolium)
Der Begriff „Garbe“ kommt ursprünglich aus dem Althochdeutschen („garwe“) und heißt, grob übersetzt, „Heiler“. Besonders Schafe waren von je her verrückt nach diesem Kraut, warum es den Zusatz „Schaf“ bekam (vermutlich wussten diese Tiere um seine heilerischen Fähigkeiten). Sie wirkte schon damals antibakteriell und gegen Entzündungen und mit ihr wurden verwundete Soldaten behandelt.

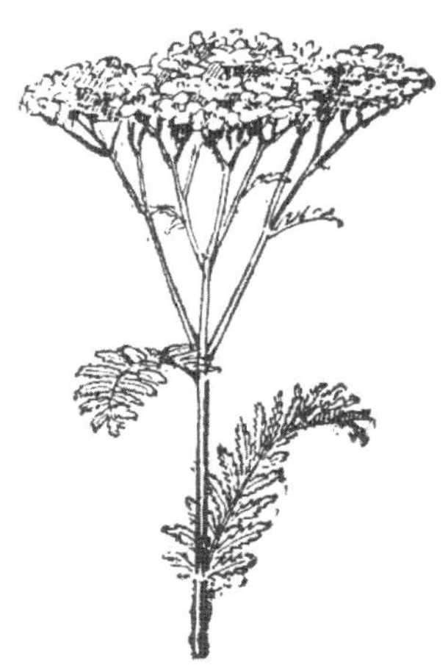

Die Schafgarbe wird heute vor allem wegen ihrer beruhigenden, entzündungshemmenden, verdauungsfördernden und wundheilenden Eigenschaften geschätzt. Zum Reinigen kleinerer Wunden wird aus ihren blühenden Sprossen unter anderem ein Aufguss hergestellt, der jedoch auch als Mundwasser dienen kann. Die Schafgarbe wirkt gegen Magen-Darm- und bei Menstruationsbeschwerden, bei Kopf- und Zahnschmerzen.

ACHTUNG: Die Schafgarbe selbst ist ungiftig, hat aber giftige Doppelgänger, wie z. B. den Riesenbärenklau oder den gefleckten Schierling. Daher solltest du dich vor dem Sammeln in jedem Fall darüber informieren!

Schlafbeere (Withania somnifera)
Die Schlafbeere wird auch „Indischer Ginseng“ oder einfach nur Winterkirsche genannt. Der Begriff „somnifera“ leitet sich vom lateinischen Wort „somnus“ (Schlaf) und „ferre“ (bringen) ab und bedeutet „schlafbringend“. Im Sanskrit trägt die Schlafbeere einen ganz besonderen Namen: Ashwagandha, was „der Geruch des Pferdes“ bedeutet und auf den Duft der Wurzel zurückzuführen ist.

Wie der Name schon erahnen lässt, hilft die Schlafbeere bei Schlafstörungen. Sie wird aber vor allem auch nach einer überstandenen Krankheit zur Stärkung des Patienten, bei nervlicher Erschöpfung, bei

Gelenk- und Nervenschmerzen, Schilddrüsenunterfunktion, zur Förderung der Blutbildung und zur Vitalitätssteigerung im Alter eingesetzt.

In der ayurvedischen Medizin wird die Schlafbeere bei Angstzuständen, Depressionen und Nervosität genutzt und bei Problemen mit dem Blutzuckerspiegel.

In der Alternativmedizin wird Ashwagandha als ein Adaptogen gesehen. Dies ist eine Bezeichnung dafür, dass die aktiven Pflanzenstoffe dem Organismus helfen, sich erhöhten emotionalen und körperlichen Stresssituationen anzupassen.

Die Schlafbeere hat eine positive Wirkung auf das Herz-Lungen-System, den Hormonhaushalt und das zentrale Nervensystem. Als Heilkraut werden ihre Blätter und Wurzeln verwendet.

Schlüsselblume, echte (Primula veris)

Primula veris L.

Die „Echte Schlüsselblume", auch bekannt als „Primel", ist ein einheimisches Gewächs und hat ausgesprochen therapeutische Eigenschaften. Diese sind u. a. antientzündlich, beruhigend, harntreibend, krampf- und schleimlösend. Ihre Schwester, die **„Hohe Schlüsselblume"** (Primula elatior), wird vorwiegend bei Kindern genutzt, wenn diese unter Schlaflosigkeit leiden oder überaktiv sind. In der Homöopathie wird sie bei Kopfschmerzen verwendet und bei Kreislaufschwäche sowie bei Bronchitis, Erkältungskrankheiten und Nasennebenhöhlenentzündungen.

Hildegard von Bingen sah die Schlüsselblume nicht ausschließlich als Heilpflanze, sondern schrieb ihr auch spirituelle Kräfte zu. So empfahl sie, die Blume als ein Mittel gegen Antriebslosigkeit, psychische Schmerzen und Traurigkeit zu nutzen.

ACHTUNG: Bei Allergien gegen Primelgewächse, in der Schwangerschaft und während der Stillzeit solltest du die Schlüsselblume nicht verwenden!

Schöllkraut, großes (Chelidonium majus)

Der unangenehm riechende Milchsaft diese Heilpflanze wird in der Volksheilkunde bereits seit langem zur Behandlung von Hautbeschwerden (z. B. Ekzemen), Hühneraugen und Warzen genutzt. Sein Kraut dient zum Aufguss als Tee bei Gallen- und Leberbeschwerden sowie bei Magenkrämpfen und wirkt beruhigend, entzündungshemmend, gallenflussanregend, krampflösend, schmerzstillend und virenhemmend. Während einer Schwangerschaft darf diese teils giftige Pflanze jedoch nicht zu sich genommen werden, da es ansonsten zu einem ungewollten Abbruch kommen könnte.

Das Schöllkraut schafft Abhilfe bei Gallenstauungen, Krämpfen im Oberbauch und bei Völlegefühl nach schweren Mahlzeiten.

Sonnenhut (Echinacea angustifolia und Echinacea purpurea)

Der schmalblättrige Sonnenhut wurde schon von den indianischen Ureinwohnern bei Hals- und Zahnschmerzen, bei Schlangenbissen und Tollwut verwendet.

Heute werden die „Igelköpfe", wie insbesondere der purpurrote Sonnenhut genannt wird, als Antiseptikum (Desinfektionsmittel) für Entzündungen und zur Stärkung des Immunsystems eingesetzt, zur Behandlung und Vorbeugung bei Erkältungsbeschwerden, bei Grippesymptomen und zur Wundbehandlung. Solltest du unter Leberproblemen leiden, ist von einer Einnahme allerdings abzuraten.

Spitzwegerich (Plantago lanceolata)

Sicher kennst du mindestens einen Hustensaft, der Spitzwegerich enthält. Doch wusstest du, dass sein Pflanzensaft, wenn du seine Blätter zerreibst, ganz hervorragend gegen Insektenstiche hilft?

Sein Name verrät, dass er gerne am Wegesrand wächst. Verwendet werden kann das gesamte Kraut, einschließlich seiner Wurzeln, sowohl in der Küche als auch in Form von Heilmitteln.

In der Antike kochten die Griechen den Spitzwegerich in Wasser oder Wein und tranken dies dann hauptsächlich gegen fiebrige Erkrankungen und bei Lungenleiden. Sowohl der Spitzwegerich wie auch sein großer Bruder, der **Breitwegerich** (Plantago major), wurden im Mittelalter als Arzneimittel bei Blasen- und Nierenleiden, Epilepsie, bei schlecht heilenden Wunden und bei Tuberkulose genutzt. Hildegard von Bingen setzte ihn gegen Gicht ein und zusätzlich diente der Wegerich auch als Medizin gegen Warzen.

In Mitteleuropa wird der Spitzwegerich meist bei Entzündungen der oberen Atemwege und des Mund- und Rachenraums angewendet, da er über einen hohen Schleimgehalt verfügt. Er findet aber auch Anwendung bei Asthma, Bronchitis und grippalen Infekten, bei Blutergüssen, Harnwegsinfekten, Hautentzündungen, Lungenentzündungen, Magenschleimhautentzündungen, Prellungen, Reizdarm, äußeren Wunden, Verbrennungen und Zerrungen.

Stechapfel (Datura stramonium)

Der Stechapfel wird von den Indianern als „heilige Blume des Nordsterns" bezeichnet und war schon im Mittelalter ein beliebtes Hexen-, Zauber- und Heilmittel. Er gehört zu den psychoaktiven Pflanzen, die das Bewusstsein und die Psyche verändern können. Er wird hauptsächlich in Asien als Heilmittel genutzt, hat aber auch eine giftige Wirkung, so dass bei der Dosierung achtzugeben ist. Seine wichtigsten Inhaltsstoffe sind Scopolamin und Atropin. Beide Begriffe wurden bereits ganz zu Anfang unserer Kräuterkunde erläutert. Grüne Hexen nutzen den Stechapfel zum Rauchen und Räuchern oder er wurde zerkaut und als Tee getrunken. Seine Blätter und Samen wurden zerstoßen und gemahlen und dienten als Salbengrundlage und als Zusatz bei alkoholischen Getränken. Die Salben wurden im Bereich des Solarplexus unter Zuhilfenahme von entsprechenden Zaubersprüchen einmassiert und bewirkten dann Halluzinationen und Visionen. Oft bekam der Behandelte für kurze Zeit das zweite Gesicht und erhielt seine Zukunft betreffende Eingebungen.

Stechpalme (Ilex aquifolium)

Die immergrünen Zweige der Stechpalme stehen von je her als Symbol für den ewigen Kreislauf des Lebens. Sie hat in vielen Kulturen eine magische Bedeutung und wurde vor allem bei religiösen Bräuchen eingebunden. So schmückten die Kelten zur Wintersonnenwende ihre Häuser mit ihren Ästen und sie galt als Schutz gegen böse Hexerei und sollte die Fähigkeit besitzen, gute Geister anzuziehen.

Die roten Beeren der Stechpalme sind giftig, doch ihre Blätter besitzen antirheumatische, fiebersenkende und harntreibende Eigenschaften, die aber bis heute leider noch viel zu wenig genutzt werden.

Tatsächlich hat dieses heilsame Kraut eine **Seelenbotschaft** für uns: Sie will uns daran erinnern, wie wichtig es für uns ist, uns auf das Wesentliche im Leben zu konzentrieren. Auch will sie uns ermutigen, das Alte loszulassen, gehen zu lassen, so schmerzhaft es zunächst auch sein mag. Letztendlich liegt doch ein Segen darin und macht uns frei für all das, was wahrhaft wichtig für uns ist.

Der Prozess des Loslassens selbst hat etwas von Sterben. Was gehen darf, kann gehen, und das Loslassen befreit uns somit von all dem Unnützen in unserem Leben, von allem, was uns Energien raubt, von dem meist angstträchtigen Festhalten an dem Gewohnten, das uns doch tatsächlich in der neuen Zeit nicht mehr dienlich ist. Durch das Loslassen öffnen wir uns für das Neue, das uns erwartet und uns Freude bringen möchte. Es trägt uns im Fluss des Lebens und wir öffnen uns für all die Erfahrungen, die uns tiefer zu uns selbst und in unsere ursprüngliche Schöpferkraft führen.

Tausendgüldenkraut (Centaurium erythraea)

Diesen außergewöhnlichen, lateinischen Namen bekam das Kraut von dem Zentauren Cheiron, einem Mischwesen aus Pferd und Mensch, der in der griechischen Mythologie als heilkundiges Naturwesen galt. Zudem ist es auch unter dem Namen Fieberkraut bekannt. Die Pflanze besitzt appetitanregende, entkrampfende, schmerzlindernde und verdauungsfördernde Eigenschaften und kann bei Blähungen, Krämpfen und Schmerzen im Magen-Darm-Trakt, Oberbauchschmerzen, Sodbrennen und Völlegefühl angewendet werden.
Die in diesem Kraut enthaltenen Bitterstoffe regen den Körper an, mehr Speichel und Magensäfte zu produzieren. Auch die Bauchspeicheldrüse, Galle und Leber werden dadurch angeregt. Das ist auch einer der Gründe, warum Tausendgüldenkraut in Kräuterschnäpsen sehr beliebt ist. Natürlich findet sich in diesem Ratgeber auch ein einfaches Rezept für einen guten Kräuterschnaps (Magenbitter).

Taubnessel, weiße (Lamium album)

Die Taubnessel wird wegen ihrer Blätter oft mit der Brennnessel verwechselt, doch glücklicherweise besitzt sie keine Brennhaare. Bekannt ist sie auch als Honigblume, da sie bei Bienen und Hummeln sehr beliebt ist. Hauptsächlich wurde sie früher zum Blutstillen und zur Behandlung von Tuberkulose verwendet. In der heutigen Zeit findet sie auch Verwendung bei Hämorrhoiden, Krampfadern, Beschwerden im Magen-Darm-Bereich, unregelmäßigen Monatsblutungen und zur Stärkung der Gebärmutter.

Diese Nesselart besitzt zahlreiche Gerb- und Schleimstoffe sowie Iridoide. Iridoide zeichnen sich durch ihren extrem bitteren Geschmack aus und dienen zur Abwehr bei Fressfeinden von Gartenpflanzen. Die Pflanze besitzt daher eine antimikrobielle Wirkung, ist antibiotisch und entzündungshemmend.

Auf unsere Haut haben Taubnesselblüten eine sanft entfettende, aber nicht austrocknende Wirkung, sodass sie gern für Gesichtswasser verwendet werden.

Teufelskralle (Phyteuma)

Diesen ungewöhnlichen Namen verdankt das Gewächs den kräftigen Widerhaken, die sich an seinen Früchten befinden und an die Krallen eines Ungeheuers erinnern. Seit Jahrtausenden wurde dieses Heilkraut vorwiegend bei den indigenen Völkern in Afrika und später weltweit bei Arthritis, zur Fiebersenkung, bei Rheumatismus, Verdauungsbeschwerden und zur Behandlung von Wunden und Geschwüren genutzt. Noch heute wird die Teufelskralle in Arzneimitteln vorwiegend bei Gelenk- und Rückenbeschwerden verwendet. Die in ihr enthaltenen Bitterstoffe steigern die Speichel- und Magensekretion und regen somit den Appetit und auch die Verdauung an (sie erhöhen die Darmbewegung und verbessern die Aktivität der Verdauungsenzyme). Des Weiteren stimuliert sie die Gallensekretion und senkt den pH-Wert im Magen.

Bei Überempfindlichkeit der Wirkstoffe in der Teufelskralle kann es gelegentlich zu Hautausschlag und Nesselsucht kommen. Auch eine Schockreaktion ist möglich, daher sollte die Einnahme von Medikamenten, die das Kraut enthalten, von einem Arzt vorher geprüft werden.

Tollkirsche (Atropa belladonna)

Auch bekannt als Belladonna, Mörderbeere oder schwarze Tollkirsche, galt die Tollkirsche im Mittelalter als ein typisches Hexenkraut, mit dessen Hilfe die Hexen fliegen konnten. Wie dem lateinischen Namen zu entnehmen ist, enthält diese Pflanze Atropin, das sich auf das vegetative Nervensystem auswirken kann. So enthält sie u. a. betäubend giftige und schmerzstillende Inhaltsstoffe. In geringer Dosis wird sie vor allem in der Homöopathie eingesetzt und dient auch als Beruhigungsmittel und Narkotikum.

Angewendet wird die Tollkirsche zur Erweiterung der Pupillen (z. B. bei der Augenmedizin), Koliken im Gallen- und Magen-Darm-Bereich und als Gegengift bei Vergiftungen mit G-Kampfstoffen (das „G“ steht hier für „Germany).

ACHTUNG: Die Tollkirsche gilt als hochgradig giftig! Bei einer Überdosis kann es zu lebensgefährlichen Rauschzuständen bis hin zu einer tödlichen Atemlähmung kommen!

Thymian, echter (Thymus vulgaris)

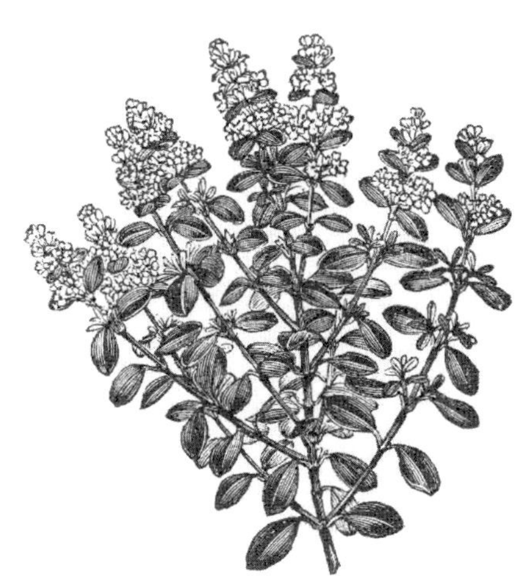

Thymian ist nicht nur ein beliebtes, appetitanregendes Gewürz, es besitzt auch zahlreiche therapeutische Eigenschaften und sein Duft soll zudem Motten vertreiben können. Im Mittelalter diente es als Halluzinogen und wurde bei religiösen Ritualen verwendet.

Die Griechen benutzten Thymian vorwiegend als Räucherpflanze. Dieses Kraut gilt als reinrassiges Aphrodisiakum (wie schon zuvor erwähnt, ein Wirkstoff zur Belebung oder Steigerung der Libido). Die Franzosen wissen wohl heute noch etwas davon und nutzen Thymian vielleicht deshalb als Hauptzutat in ihrer beliebten Kräutermischung „Kräuter der Provence". Das griechische Wort „thymos" bedeutet so viel wie Lebenskraft und symbolisiert Mut und Stärke. Sein wertvolles, ätherisches Öl wirkt auswurffördernd (treibt den Schleim aus der Brust und der Lunge), entzündungshemmend, hustenstillend, keimtötend und krampflösend auf die Bronchien. Außerdem bekämpft es Bakterien, Pilze und Viren.

Thymian ist ein sanftes, pflanzliches Antibiotikum. Somit ist es ein hervorragendes Mittel gegen Entzündungen der oberen Atemwege, bei Blasen- und Mandelentzündungen sowie bei Asthma. Inhaltsstoffe wie Zink dienen dem Zellschutz und seine Bitterstoffe und Flavonoide unterstützen das Immunsystem. Heutzutage wird es hauptsächlich bei Atemwegserkrankungen eingesetzt.

Veilchen, wohlriechendes (Viola odorata)

Bei dem Duft von Veilchen denken wir zweifelsohne zuerst an Parfüms, nicht wahr? Auch wirkt der Duft in der Regel beruhigend und schlaffördernd. Doch diese Pflanze kann so viel mehr. Bereits in der Antike (800 v. Chr. bis 600 n. Chr.) wurde sie als Husten- und Magenmittel verwendet. Im Mittelalter (6. bis 15. Jahrhundert) diente sie zur Behandlung von Augenentzündungen und Hauterkrankungen.

Heute nutzen wir diese Heilpflanze als abführende, abschwellende, antibakterielle, auswurffördernde, blutreinigende, durchblutungsfördernde, entzündungshemmende, harntreibende, hustenlindernde, krampflösende und schweißtreibende Arznei. Bei Zahnfleischentzündungen wird ihre Wurzel zerkaut, jedoch nicht heruntergeschluckt. Zudem können Veilchen zu Erbrechen führen, was früher öfter genutzt wurde, wenn versehentlich verdorbenes Essen aufgenommen wurde. In größeren Mengen ist diese Blume allerdings giftig, daher sollte bei einer Überdosierung sofort ein Arzt aufgesucht werden.

Vogelmiere, gewöhnliche (Stellaria media)

Auch wenn die Vogelmiere als beliebte Futterpflanze für Vögel und Kleintiere bei den noch unwissenden Gartenbesitzern hartnäckig als unerwünschtes Unkraut angesehen wird (wie auch Giersch, den ich mir aus meiner Küche gar nicht mehr wegdenken möchte), so besitzt diese Pflanze dennoch viele nützliche Eigenschaften. Sie ist reich an Mineralstoffen und Vitaminen und wirkt adstringierend, harntreibend, schleimlösend, schweißtreibend, verdauungsfördernd und wundheilend. Eingesetzt werden kann sie bei grippalen Infekten, Gelenkrheumatismus, Husten und bei Magen- und Darmentzündungen. Durch seine kühlende Wirkung hilft die Vogelmiere auch bei Ekzemen, Hautausschlägen, Juckreiz und Sonnenbrand.

Waldmeister (Galium odoratum)

Bei dem Wort „Waldmeister“ ist zu vermuten, dass du entweder an die auffallend grüne, glibberige Nachspeise denkst, an „Berliner Weiße“ oder eine leckere Maibowle. Auch wenn die giftgrüne Farbe von ungesunden Farbstoffen herrührt, die dem Waldmeister erst zugeführt werden, sein intensiver Geschmack ist jedoch unvergleichlich. Mit dem wohlriechenden Waldmeister wurden damals die bösen Hexen vertrieben, heutzutage eher die Motten. Und wenn das liebe Vieh einmal nicht fressen wollte, erhielten die Kühe dieses Kraut mit Salz vermischt. Übrigens dient Waldmeister im Frühjahr als „Wetterpflanze“, denn man sagt ihm nach, dass Regen ins Haus steht, wenn er besonders stark duftet.

Diese Pflanze hat jedoch auch unzählige heilende Eigenschaften, so wirkt sie z. B. in Form von Kräutertees appetitanregend, beruhigend, blutreinigend, krampflösend, schweißtreibend und verdauungsfördernd. Waldmeister stärkt die Blutgefäße (vor allem die Venen), Leber und Nieren und hilft bei Ekzemen, Furunkeln und Ödemen, bei geschwollenen Füßen, Herzschwäche, Kopfschmerzen (Migräne), Menstruationsbeschwerden, Nervenschmerzen, bei nervöser Schlaflosigkeit und Unruhe, bei schlecht heilenden Wunden und Verdauungsbeschwerden. Zudem vermindert es die Blutgerinnung.

Wasserdost, gewöhnlicher (Eupatorium cannabinum)

Auch als Wasserhanf bekannt, galt der gewöhnliche Wasserdost seit Jahrhunderten als Heilmittel bei Blasen- und Harnröhrenentzündungen, Erkältungen, Fieber, Grippe, Herzbeschwerden, bei Beschwerden der Leber oder des Magen-Darm-Traktes, bei Nierenerkrankungen und Verstopfungen und, äußerlich angewendet, sogar bei Ekzemen und Schuppenflechte. Der Wasserdost wirkt entwässernd, fiebersenkend, harntreibend, wundheilend und unterstützt bei der Gallen- und Leberentgiftung und regelt die Menstruation. Zudem soll er die Potenz fördern.

Auch wenn sein lateinischer Name „cannabinum“ an Cannabis bzw. Hanf erinnert, so hat er doch keine Ähnlichkeiten mit dessen Wirkungsweisen. Leider enthalten einige Wasserdost-Arten karzinogene (krebserregende) Substanzen, weshalb sie seit einiger Zeit immer seltener Anwendung finden.

Weide (Salix)

Am bekanntesten ist wohl die Silberweide (Salix alba) bzw. die Trauerweide (Tristis), da die in ihrer Rinde enthaltene Salicylsäure bereits im 19. Jahrhundert zur Herstellung von Aspirin verwendet wurde. Diese Pflanze hat jedoch nicht nur eine schmerzlindernde Wirkung, sondern ihre Eigenschaften (vorzugsweise die der Rinde der Zweige) sind zudem auch adstringierend, antineuralgisch, beruhigend, entzündungshemmend und fiebersenkend. Damals wurde die Silberweide einem Volksglauben nach auch „Baum der Hexen und Geister“ genannt, da ihr Holz zur Herstellung von Zauberstäben genutzt wurde und sie den Ruf hatte, Impotenz und Unfruchtbarkeit zu bringen. Auch wurde sie mit Kummer oder einer verlorenen Liebe in Verbindung gebracht und bedeutet daher für viele Menschen Unglück, vor allem das Verbrennen von ihrem Holz. Und obwohl (oder weil?) die Weide angeblich Unfruchtbarkeit bringen sollte, wurde sie „Demeter“, der Göttin der Fruchtbarkeit, geweiht, da der Baum mit Hilfe des richtigen Zauberspruches Krankheit und Unheil auf sich nehmen konnte. Dafür stellte man sich in einen hohlen Weidenstamm und betete und nach kurzer Zeit waren Fieber und Gicht etc. verschwunden. Übrigens ehrten auch die Druiden die Weiden und feierten während der Weidenblüte das „Fest der Wiedergeburt der Natur“. Dafür steckten sie Weidenzweige in Mutter Erde und erhofften sich dadurch Fruchtbarkeit für ihre Felder.

Um ein Heilmittel gegen Fieber, Hühneraugen und Warzen herzustellen, wurde die Weidenrinde junger Zweige im Frühjahr gesammelt und getrocknet.

Die **Bruchweide** (Salix fragilis; „fragilis“ = zart, zerbrechlich) wurde schon auf uralten Tontafeln der Assyrer und Babylonier erwähnt. Ihre Weidenrinde findet heute besonders in der Homöopathie Anwendung.

Die Rinde der **Purpurweide** (Salix purpurea) gilt zusätzlich zu den obengenannten Eigenschaften als antirheumatisch und schmerzstillend. Der in ihr enthaltende Salicingehalt ist jedoch sehr hoch. Eine Dosierung ist weitaus schwieriger. Daher wird in der Naturheilkunde bevorzugt die Silberweide angewendet.

Die **Korbweide** (Salix viminalis) diente schon den Kelten für ihre besonderen Kunstfertigkeiten, Körbe zu flechten. Auf liebevoll angelegten Spielplätzen findet man heute gebaute Indianerhütten für Kinder, die aus langen Weidenzweigen errichtet werden.

Die **Salweide** (Salix caprea), auch als **Palmweide** bekannt, gehört zu den ersten Frühlingsboten und ihre weichen Weidenkätzchen finden sich gerade zu Ostern in vielen Vasen wieder, bunt dekoriert mit bunt bemalten Eiern. Von den Imkern wird die Salweide als frühe Bienenweide sehr geschätzt.

Weißdorn, eingriffelig + zweigriffelig (Crataegus monogyna + laevigata)

Der Weißdorn wird in der Volksmagie in Ritualen verwendet, um die Fruchtbarkeit zu steigern. Er schützt vor Blitz und Donner und anderen Naturkatastrophen und auch sein Holz wird zum Herstellen von Zauberstäben verwendet.

Der eingriffelige Weißdorn wurde bereits im Mittelalter bei Blasen- und Nierenbeschwerden genutzt. Heute kommt er zudem bei Schlaflosigkeit und bei Zahnfleischinfektionen zur Anwendung.

Medizinisch werden beide Weißdorn-Arten zur Durchblutung und Stärkung des Herzens eingesetzt, bei Herzrhythmusstörungen, zur Senkung des Blutdrucks und zur Vorbeugung von Arteriosklerose. Er wirkt beruhigend, blutdruckregulierend und entspannend.

Zaubernuss, virginische (Hamamelis virginiana)

Auch bekannt als Hexenhasel, stammt die virginische Zaubernuss noch aus der Kreidezeit und ist somit über 100 Millionen Jahre alt. Sie ist ein Winterblüher und gilt als ein wichtiger Nahrungslieferant für Bienen und Hummeln.

Schon die amerikanischen Ureinwohner nutzten die Zaubernuss als Heilpflanze gegen Augenentzündungen, Analfissuren und -thrombosen sowie gegen erkrankte Hämorrhoiden, da sie stark juckreizstillend und abschwellend wirkt. Heute wird eine aus Zaubernuss hergestellte Creme vorwiegend bei Hautproblemen verwendet, wie z. B. bei Ekzemen oder bei entzündeten Hautpartien. Die getrockneten Blätter sowie die Rinde der Zaubernuss gelten zudem als hervorragendes Mittel gegen Krampfadern.

Diese Pflanze enthält Gerbstoffe, die folgende Eigenschaften mit sich bringen: Sie sind blutstillend, entzündungshemmend, gerinnungshemmend, helfen bei Hautbeschwerden sowie bei Beschwerden der Schleimhäute und unterstützen die Wundheilung.

Zistrose (Cistus incanus L. Pandalis)

Bereits seit Jahrtausenden wurde die Zistrose in der Volksheilkunde bei Erkältungserkrankungen, Grippe, Infektionskrankheiten, für Körperwaschungen bei Hautproblemen und zur Wundheilung eingesetzt. In der griechischen Antike entdeckte man sein besonderes Harz, das – aufgrund seiner desinfizierenden Wirkung und des speziellen Duftes – vor allem in Tempeln, aber auch in Kirchen als Weihrauch genutzt wurde. Dieses Harz wurde oft mit der Myrrhe verglichen, die einst dem Christuskind als Gabe überreicht wurde.

Traditionell wird sie bei Akne, Allergien, Aphthen (schmerzhafte Bläschen im Mund), bakteriellen Infektionen, Karies, Neurodermitis, Parodontitis und zur Stillung oder zumindest Minderung von Juckreiz (bei Hämorrhoiden) angewendet. Aufgrund ihrer adstringierenden Eigenschaft findet sie auch Einsatz bei Behandlungen gegen Durchfall und die Ruhr. Weiterhin wirkt sie antiallergisch, antibakteriell, antioxidativ, antiviral, entzündungshemmend, gefäßschützend, stärkt das Immunsystem und leitet Schwermetalle aus dem Körper. Zudem wird sie bei Diabetes, Alzheimer, gegen Borreliose und bei Magengeschwüren eingesetzt.

Zwiebel (Allium cepa)

Auch „Jungfer mit den sieben Häuten“ genannt, wird die Zwiebel bereits seit Tausenden von Jahren als Heil- und Küchenpflanze kultiviert. Vor 3.000 Jahren brachten die Römer dieses zugleich schmackhafte wie heilbringende Gemüse dann nach Europa. In der Naturheilkunde wird die Zwiebel aufgrund ihrer antibakteriellen, appetitanregenden, antifugalen, antithrombotischen, antiviralen, entzündungshemmenden, verdauungsfördernden und wundheilenden Eigenschaften als Arzneimittel sehr geschätzt. Sie enthält sehr viele Antioxidantien, Eisen, Kalium, Schwefel, Vitamin A, B1, B2, B6, B7, C und Mineralstoffe, Peptiden (wirken stressmindernd) und Selen (gut gegen Depressionen und psychische Verstimmungen). All dies sind Inhaltsstoffe, die auch gut für unser Herz-Kreislauf-System und für unsere Nerven sind. Auch Quercetin ist in ihr enthalten; ein Vitalstoff aus der Natur, welcher u. a. eine blutdrucksenkende Wirkung auf unseren Organismus hat und auch Tumorzellen angreifen kann. Mittlerweile sollen Menschen, die regelmäßig Zwiebeln verzehren, wohl deutlich weniger an Magen-Darm-Krebs erkranken.

Medizinisch wird diese Gute-Laune-Pflanze zum Beispiel bei Angina, Hals- und Rachenentzündung, Blasenentzündung, Bluthochdruck, Bronchitis, Grippe, Halsentzündung, bei Insektenstichen und Magen-Darm-Problemen, Rheuma und bei Verdauungsproblemen, wie z. B. Verstopfung, verabreicht. Sie senkt den Blutzucker- und den Cholesterinwert. Die rote Zwiebel ist dazu geeignet, um sich vor bösen Geistern zu schützen. Wenn du sie in allen Ecken deines Hauses platzierst, absorbiert sie das Böse, negative Energien und Krankheiten. Legst du sie unter dein Kopfkissen, bringt sie dir prophetische Träume. Und wenn du mit magischen Werkzeugen wie Messer und Schwertern hantierst, kannst du diese mit der roten Zwiebel reinigen.

Tipp: Falls du einmal heftige Ohrenschmerzen haben solltest, kannst du eine Zwiebel einfach in Würfel schneiden, dann in eine alte Socke stecken, die Socke nebst Inhalt wird kurz im Ofen erwärmt und dann auf das betroffene Ohr gelegt und mit einem Schal oder Stirnband fixiert. Bei Kindern gilt es jedoch generell, darauf zu achten, dass der „gefüllte Socken“ nicht zu heiß ist, damit die Kleinen nicht verbrüht werden. Ansonsten entfaltet die Zwiebel ihre beste Wirkung bei rohem Verzehr.

Zypresse (Cupressus sempervirens)

Ihren Ursprung hat die Zypresse in Asien. Diese Art der Koniferen dient bereits seit dem Altertum als Heilpflanze und ist in der heutigen Zeit wohl eines der beliebtesten Garten- und Parkgewächse und findet sich im gesamten Mittelmeerraum wieder. Ihr ätherisches Öl wird vor allem zu therapeutischen Zwecken gebraucht, wie z. B. bei Asthma und Husten. Es wirkt beruhigend, desinfizierend, fiebersenkend, harntreibend und schweißtreibend. Damals wie heute wird die Zypresse auch zur Behandlung von Atemwegserkrankungen, Darmbeschwerden, Hämorrhoiden und Krampfadern genutzt und sie lässt sich als Färbepflanze verwenden. Bei Erkältungsbeschwerden werden vor allem Zypressen-Bäder empfohlen.

Beim Sammeln deiner Kräuter solltest du Nachfolgendes beachten:

Um Verwechselungen mit Giftpflanzen auszuschließen, solltest du nur Wildkräuter sammeln, die du auch eindeutig bestimmen kannst. Hilfreich ist selbstverständlich dieser Ratgeber, mittlerweile gibt es jedoch auch spannende Kräuterwanderungen zu buchen oder aufschlussreiche und interessante Apps für dein Handy, die du herunterladen und nutzen kannst. Eine von vielen Anbietern ist die PlantNet-App. Sie verfügt über eine umfangreiche Datenbank und ihre Nutzung ist kostenlos.

Zum Kräutersammeln verwendest du am besten einen luftigen Korb oder eine Stofftasche. Zum Ernten kannst du entweder ein scharfes Messer oder eine Schere nutzen, auch das Abzwicken mit den Fingern ist möglich. Der Ort, an dem du sammeln möchtest, sollte in jedem Fall unbelastet sein, daher meide das Grün an Gassi-Wegen, Gleisen, Mülldeponien und Straßen. Die Pflanzen sollten sauber und unbeschadet sein, also auch frei von Ungeziefer. Und bitte sei achtsam und behutsam (bitte reiße die Pflanzen nicht heraus) und nimm immer nur so viel mit, wie du tatsächlich brauchst. Am besten hältst du dich an die „Handstrauß-Regel“: Nimm von einem Kraut nur so viel mit, wie in deine Hand passt. Und bitte achte darauf, dass du immer etwas von jeder Sorte in der Natur stehen lässt.

Und zu guter Letzt: Das Sammeln in Naturschutzgebieten ist strengstens untersagt. Geschützte und seltene Pflanzen sind einfach tabu. Im Internet findest du in jedem Fall Karten der Naturschutzgebiete in deiner Region. Bitte informiere dich entsprechend.

Solltest du es bisher nicht gewohnt sein, Wildkräuter zu verzehren, kann es durchaus vorkommen, dass die kraftvollen Inhaltsstoffe und deren Vitalstoffdichte auch schon einmal auf den Magen schlagen können. Daher handle besser nach der Devise „Weniger ist mehr“. Probiere dich erst einmal an den bekannten Sorten wie Bärlauch, Brennnesseln und Gänseblümchen und steigere dich dann einfach langsam.

Finde den Zauber in dir

Nachdem wir uns ausführlich einer Vielzahl an Kräutern gewidmet haben, die uns bei der Durchführung der grünen Magie unterstützen können, lass uns das Augenmerk nun auf die wohl wichtigste „Komponente" legen: auf dich!

Vielleicht ist bereits seit langer Zeit der große Wunsch in dir verankert, dich ebenfalls als „grüne Hexe" oder als „grüner Erdmagier" zu betätigen. Du hast schon klare Anzeichen erhalten, dass es auch in deiner Persönlichkeit durchaus magische Anteile gibt, doch fehlt dir noch das eine kleine, aber wichtige Puzzleteilchen, um dich in diesem ganzen Bild sehen und (wieder-) erkennen zu können und deine Sinne entsprechend zu schärfen, nicht wahr?

Wenn du diesem Buch bis hierher aufmerksam gefolgt bist und auch weiterhin wahrnimmst, dass deine Seele förmlich danach ruft, auf diese Weise tätig zu werden, um dich und deine Mitseelen beim Heilsein zu unterstützen, dann bist du auf dem richtigen Weg. Du verspürst eine gewisse Sehnsucht, die nicht nur aus vergangenen Leben herrührt, sondern so viel mehr ist. Sie ist ein Teil deines Selbst.

Wir alle tragen Magie in uns. Dein Herz lässt dich wissen, wann es an der Zeit ist, diese nutzen zu lernen. Deine Entscheidung reicht aus, um über deine Achtsamkeit und deine Intuition deinen eigenen Weg zur Magie zu finden.

Wenn du heute einen Gelehrten befragst, was Magie überhaupt ausmacht, so wirst du wahrscheinlich eine Antwort wie diese zu hören bekommen:

> **„Magie ist eine Wissenschaft und Kunst, willentlich solche Bewusstseinsveränderungen zu verursachen, die in der Lage sind, die Realität in der gewünschten Weise zu formen."**
>
> Zitat von Salomo Baal-Shem, aus dem Buch „Qabbalastic Magic: Talismans, Psalms, Amulets, and the Practice of High Ritual"

Das Wissen, das du bereits tief in deinem Herzen verspürst, war möglicherweise eine Weile verschüttet. Mithilfe dieses Ratgebers wird es dir jedoch gelingen, darauf zuzugreifen. Wahre Magie geschieht immer dann, wenn wir uns entscheiden, an uns selbst zu glauben!

GRÜNER ZAUBER

Wie wir bereits erfahren haben, zeichnet sich die grüne Magie durch die Nutzung von Pflanzen, Kräutern und allem aus, was natürlichen Ursprungs ist. Der Zauber selbst liegt jedoch darin, dass uns die Naturgeister bei unseren Vorhaben sehr gern unterstützen, wenn unser Tun zum Wohle aller ist.

Der Ursprung der grünen Magie liegt bei den Aborigines, Druiden und den Ureinwohnern weltweit. Sobald wir uns dafür öffnen, werden wir wahrnehmen, dass ebendiese unsere Vorfahren auch im Hier und Jetzt zugegen sind und uns mit Rat und Tat zur Seite stehen. Voraussetzung dafür ist, dass wir unsere Herzen dafür öffnen. Sobald wir diese Magie in unser Leben gelassen haben, werden wir feststellen, dass sie nicht nur dazu dient, physische wie psychische Beschwerden zu behandeln. Sie ist so viel mehr.

Grüne Magie kann uns vor Verwünschungen und Verzauberungen schützen und mit ihren zauberhaften Ritualen und magischen Rezepten Liebesbande knüpfen. Sie hilft uns, von Erfolg gekrönte Entscheidungen zu treffen und sogar Erinnerungen an frühere Leben zurückzubringen. Eines ist bei der Anwendung der grünen Magie jedoch dringend zu beachten:

Handle in Liebe und Achtsamkeit und im Einklang mit dem göttlichen Willen, denn nur so kannst du mögliche negative Folgen für dich und andere vermeiden.

Aus diesem Grunde solltest du Magie zu keiner Zeit nutzen, um anderen Lebewesen zu schaden oder um die eigene Bosheit, Hass oder Eifersucht zu befriedigen. Und wende Magie auch niemals an, um den freien Willen eines anderen zu beeinflussen.

Es gibt ein „Wesen“, das bei dem Thema „Grüner Zauber“ unbedingt erwähnt werden sollte: Es ist der Wald. Seine Bäume sind oft schon hunderte Jahre alt und begleiten uns Menschen schon seit Anbeginn der Zeit. Sie wissen um unsere Ängste und Nöte, um unsere Träume und Ziele. Sie sind gute Zuhörer und ihre Energie lädt uns auf Wunsch gerne auf. Der Geist des

Waldes fängt uns gerne auf, wenn wir straucheln, und leitet uns, wenn wir nicht mehr wissen, welchen Weg wir als Nächstes einschlagen sollen. Dies liegt wohl an seiner verborgenen Macht und seinem tiefen Einfühlungsvermögen. Zudem schenkt der Wald uns Harmonie für unsere Seele.

Seine Bäume tragen ihr Wissen stets an ihre Nachkommen weiter. So ist es nur verständlich, dass der Wald auch als der **Hüter der Weisheit** angesehen wird. Zudem tragen sie eine große **Heilwirkung** in sich, einzeln wie als Wald insgesamt. Ihre Blüten werden in der Naturmedizin gerne als Konstitutionsmittel eingesetzt.

Hervorzuheben sind hier die **„Körblerschen Baumblüten**". Konstitutionsmittel sind, wie du sicher weißt, bestimmte Mittel, die sozusagen plastische Menschenbilder darstellen. Sie erfassen den Menschen in möglichst umfassender Weise. So werden Konstitutionsmittel, wie ebendiese Baumblüten, auf Basis der Gesamtheit aller Symptome verabreicht.

Das Besondere bei den Baumblüten ist, dass du keine teuren Arzneien kaufen musst. Es reicht lediglich eine Karte aller Körblerschen Baumblüten und die für dich in Frage kommende Blüte wird zuerst ausgependelt (oder intuitiv gewählt), das entsprechende Bild wird ausgedruckt und lässt für ca. 3 Minuten ein Glas Wasser darauf stehen. Während dieser „Einwirkzeit" gelangen die Informationen wie durch Zauberei in das Wasser und somit, nach dem Trinken, in deinen Organismus.

Im Grunde genommen leitet die Baumblüte ihre Botschaft an dich weiter – von Seele zu Seele.

Ein zusätzlicher unerlässlicher Bestandteil bei der Anwendung von Magie jeglicher Couleur ist die Erdung. Bist du nicht mit Mutter Natur im Einklang, so handelst du höchstwahrscheinlich auch nicht aus dem Herzen, sondern aus deinem Ego heraus. Um dies zu vermeiden, stelle ich dir auf den folgenden Seiten eine kleine Meditation vor, die dich bei deinem weiteren Vorhaben stets zu unterstützen vermag.

MEDITATION ZUR ERDUNG

QR-Code oder Link zur geführten Audio-Meditation

https://bit.ly/43AziTi

Nimm dir ein wenig Zeit für dich selbst und suche einen Ort auf, an dem du für ungefähr 10 Minuten ungestört sein wirst. Wenn es sich für dich gut anfühlt, entzünde eine Kerze. Setze dich nun in eine für dich bequeme Position (Fersen-, Lotus- oder Schneidersitz) und achte darauf, dass dein Rücken gerade und trotzdem entspannt ist. Schließe nun deine Augen und lege deine beiden Hände mit den Handflächen nach oben auf deinen Oberschenkeln ab. Daumen und Zeigefinger berühren sich und bilden dabei einen Kreis.

Atme nun ganz ruhig und gleichmäßig in deinen Bauch. Bei jedem Einatmen hebt sich deine Bauchdecke und du erlaubst dir, Entspannung zuzulassen und Leichtigkeit in dir aufzunehmen. Bei jedem Ausatmen senkt sich deine Bauchdecke und du hast einfach nur folgenden Satz in dir: „*Ich lasse los.*" Einatmen: „*Entspannung und Leichtigkeit ein.*" Ausatmen: „*Anspannung raus – ich lasse los.*"

Verfolge deine Atmung eine Weile und nehme sie vollkommen bewusst in deinem ganzen Körper wahr. Stelle dir nun vor, dass du dich mitten in einem wunderschönen Wald befindest. Um dich herum sind viele große Bäume, die eine besondere Kraft ausstrahlen. Einer dieser Bäume fällt dir besonders auf. Du fühlst dich magisch zu ihm hingezogen und du gehst langsam auf ihn zu. Auch wenn du seinen biologischen Namen vielleicht nicht kennst, so erkennst du doch seine Seele. Schaue dir diesen Baum ganz bewusst an. Betrachte seine starken Wurzeln, die vielleicht teilweise über der Erde liegen, den kräftigen Stamm, seine markante Rinde, seine Äste und wie sie sich nach oben hin und zu den Seiten immer mehr verzweigen.

Seine Blätter leuchten strahlend grün in der Sonne und tanzen im leichten Wind, der auch sanft deine Wangen streicht. Eines seiner Blätter liegt vor dir am Boden. Bücke dich, hebe es behutsam auf und betrachte es ganz in Ruhe. Schaue auf die Struktur und seine Form und zeichne mit deinem

Finger die kleinen Äderchen nach. Wie fühlt es sich in diesem Moment an? Welchen Duft nimmst du wahr? Betrachte noch einmal das Blatt und dann den ganzen Baum in all seinen Einzelheiten.

Stelle dich nun direkt vor diesen Baum und berühre achtsam seinen Stamm. Spürst du seine Rinde? Wie fühlt es sich an? Vielleicht nimmst du ein Kribbeln oder Pochen in deinen Händen wahr, es wird warm oder kalt. Vielleicht spürst du momentan aber auch nichts. Alles ist genau richtig, so, wie es gerade ist. Lehne dich nun mit dem Rücken an den Baumstamm und spüre seine Lebensenergie, die nun auch dich durchdringt. Folge seiner Energie bis hinunter in seine Wurzeln und werde dir bewusst, dass auch du energetische Wurzeln besitzt und diese aus deinen Fußsohlen hinunter bis tief in die Erde reichen. Dies schenkt dir ein wohliges Gefühl und du fühlst dich gestärkt und vor allen Dingen optimal geerdet. Wie dieser Baum bist auch du voller Stabilität und stehst nun vollkommen bewusst mit beiden Beinen fest auf dem Boden. Deine Füße und die gütige Mutter tragen dich und schenken dir den Halt, den du gerade benötigst.

Nach einer Weile drehst du dich wieder zu deinem Baum um und bedankst dich bei ihm für seine wundervolle Unterstützung. Wenn du magst, kannst du ihn auch in Gedanken umarmen, um seine Verbindung zu ihm noch intensiver zu spüren. Er schenkt dir seinen Lebensmut. Bei ihm kannst du dich jederzeit wieder erden und Kraft tanken und du spürst die Verbundenheit auch zu all den anderen Bäumen, nicht nur in diesem Wald.

Nun ist es an der Zeit, dich zu verabschieden. Lass deine Dankbarkeit zu diesem Baum und über deine Wurzeln in Mutter Erde fließen, so dass die ganze Natur um dich herum davon genährt wird. Nimm einen tiefen Atemzug und bewege leicht deine Finger, deine Hände und Füße. Atme noch einmal tief ein und genieße wieder den Duft des Waldes, der dich umgibt. Nun nimm einen weiteren tiefen Atemzug, öffne langsam deine Augen und komme ausgeruht und erfrischt zurück in deinen Tag.

Es würde mich sehr freuen, wenn du dich dieser Meditation öffnest, und solltest du künftig einen Baum auch einmal „in natura" besuchen wollen, so sei achtsam und bitte ihn zuvor darum, ihn berühren zu dürfen. In deinem Herzen wirst du sicher sehr schnell seine Erlaubnis erfahren und die Erdung mit all deinen Sinnen genießen können. Eines ist gewiss – unabhängig davon, ob du die Übung als Meditation oder in der Natur durchführst: Du wirst schon bald wahrnehmen, dass der Wald in dir ist. Und dies ist ein weiterer Schritt zur Erkenntnis, dass die Magie in dir lebt.

MAGISCHE SYMBOLE, ZAHLEN UND ZEICHEN

Wenn du erst einmal die magischen Symbole, Zahlen und Zeichen kennst, wird es dir sicher leichtfallen, diese auch in deinem Alltag bewusst wahrzunehmen und entsprechend zu deuten. Nachfolgend findest du nun eine kurze Auflistung der gängigsten von ihnen und deren Bedeutungen:

Symbol	Bedeutung
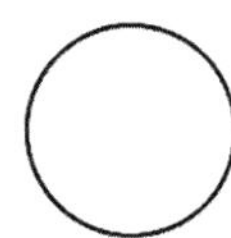	Der **Kreis** steht für Erneuerung, Schutz und Wiederkehr, er ist Symbol für das Absolute, die Einheit, den Himmel, das Vollkommene und für das Göttliche
	Das **Dreieck** symbolisiert die Dreieinigkeit: Vater + Sohn + Heiliger Geist, aber auch Vater + Mutter + Kind; Chaos, Ordnung, Licht und Schatten
	Das **Viereck** steht für die vier Elemente sowie für Lebendigkeit und Lebenskraft. Vor allem das Quadrat steht für eine vollendete, bestandhabende Form umfriedeter Orte, wie z. B. Gärten und Höfe.
	**Ankh** (oder auch Anch) ist ein Symbol der alten Ägypter und steht für den Ursprung allen Lebens. Daher trägt es auch den Namen „Lebensschleife“. Es ist ein starkes Schutzsymbol und soll dem Träger Kraft und Unsterblichkeit schenken. Zudem steht es für das Weiterleben im Jenseits.
	**Das Auge des Horus** (das linke Auge) steht für Intuition und Sensibilität. Es ist ein Symbol der alten Ägypter und die Legende besagt, dass der Lichtgott Horus sein linkes Auge durch seinen eifersüchtigen Bruder Seth verloren hatte und ihm daraufhin ein drittes Auge wuchs.

Das Auge des Ra bzw. „das Auge des Re" (das rechte Auge) wird oftmals mit dem Auge des Horus verwechselt. Dieses rechte Auge symbolisiert in Ägypten die Sonnenscheibe und seine Sehkraft soll unbegrenzt sein. Dieses Symbol steht für königliche Autorität sowie für Fruchtbarkeit, Geburt, Glück, Macht und Schutz.

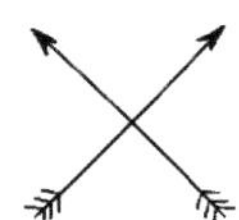

Zwei **gekreuzte Pfeile** nutzten vor allem die nordamerikanischen Ureinwohner als Schutzsymbol, heutzutage stehen sie für Freundschaft.

Nazar kommt ursprünglich aus dem Nahen Osten. Es wird in der Regel als Amulett um den Hals getragen und schützt vor bösen Mächten, Krankheiten und vor dem „bösen Blick", der durch Neid und Missgunst hervorgerufen werden kann.

Das **Pentagramm** ist wohl eines der bekanntesten Symbole in der Welt der Hexen. Die fünf Zacken stehen für Äther, Feuer, Wasser, Erde und Luft. Dieser „Fünfstern" hat weder Anfang noch Ende und bedeutet Macht (Magie) und Vollkommenheit. Es ist ebenfalls ein Schutzsymbol gegen böse Geister, Teufel und Dämonen. Umgekehrt symbolisiert es den sogenannten „Drudenfuß" – das Böse.

Die **Triskele** symbolisiert die Geburt, das Leben und den Tod. Die Kelten gingen einst davon aus, dass sie den Lebensweg eines Menschen symbolisiert. Zudem schützt sie vor bösen Geistern und Unglück.

Die **Spirale** erinnert an die Fibonacci-Spirale. Sie ist überall in der Natur zu finden und steht vor allem für das Leben selbst. Unsere gesamte Galaxie wird als eine Spirale dargestellt und steht für die Urkraft in allem, was ist. Wenn du also deinem Kräutergarten etwas Gutes tun willst, so setze einige deiner Beete spiralenförmig an und lasse dich überraschen!

Die **Doppelspirale** verstärkt die Symbolkraft. Sie schenkt dir Energie, Inspiration, Kreativität und kann dich bei Antriebslosigkeit unterstützen. Zudem kann sie dich dabei unterstützen, mit früheren Inkarnationen in Kontakt zu kommen.

Zahlen	**Bedeutung**
Die **1** (eins)	gilt als Symbol Gottes und steht für Einheit, Führung, Ganzheit, Individualität, Intuition, Unabhängigkeit und Unteilbarkeit. Aus ihr entsteht das Schutzsymbol „die Blume des Lebens“, das Schöpfungsmuster und die Grundlage für jede Existenz.
Die **2** (zwei)	symbolisiert das Miteinander, die Partnerschaft, den Respekt für andere und Anpassungsfähigkeit, steht aber auch für die Gegensätzlichkeiten wie Yin & Yang. Durch diese Gegensätzlichkeiten soll Platz und Raum für neues Leben geschaffen werden.
Die **3** (drei)	steht für die Trinität (Dreieinigkeit), für Fruchtbarkeit, Schutz und Weiblichkeit. Die Drei ist das Symbol für Göttlichkeit und erschafft aus dem Licht das Leben. Sie ist auch eng verflochten mit dem Merkaba-Symbol, denn dieses entsteht aus zwei Dreiecken bzw. Tetraedern heraus, die ineinander verflochten sind.
Die **4** (vier)	symbolisiert die vier Himmelsrichtungen, die vier Jahreszeiten und die vier Säulen der Erde (die Elemente Feuer, Wasser, Erde und Luft). Sie steht für Vertrauen, Engagement und Fleiß.

Die **5** (fünf) ist heilig, steht sie doch für das Pentagramm. Die Fünf symbolisiert die Freiheit, Geselligkeit, Glückseligkeit, Unabhängigkeit und das Im-Jetzt-Leben; hinter der Fünf steht ein großer Visionsgeist.

Die **6** (sechs) ist eine von Natur aus glückliche Zahl (auch wenn sie von der dunklen Seite mittlerweile schamlos missbraucht wird). In der weißen Magie symbolisiert die Sechs das Gleichgewicht und die Harmonie der Liebenden.

Die **7** (Sieben) ist wahrlich eine göttliche Zahl. Sie steht für die 7 Hauptchakren (Energiezentren, die für das energetische, körperliche und mentale Gleichgewicht in uns sorgen). Sie spiegelt die Ausgeglichenheit, den Fleiß, die Vollkommenheit, Weitsichtigkeit und das Wissen sowie den Sieg und die Tugenden wider und verbindet den Geist mit der Materie im Universum.

Die **8** (acht) steht für das Gleichgewicht zwischen Körper und Geist, aber auch für die Unendlichkeit und das ewige Sein. Sie macht uns auf das ewige Leben aufmerksam. Zudem symbolisiert sie Disziplin und Gerechtigkeit.

Die **9** (neun) steht für Engagement, Erkenntnis, Großzügigkeit, kreativen Ausdruck, Mitgefühl, Seligkeit und Selbstlosigkeit. Sie öffnet uns einen Zugang zu unserer inneren Weisheit und symbolisiert die Schöpferkraft.

Die **13** (Dreizehn) steht nicht nur für Unglück, sondern auch für Veränderung. Wenn du dich bereits mit dem Thema Ritual-Magie beschäftigt hast, wirst du wissen, dass ein „Coven“ (so wird ein Hexenzirkel genannt) aus 13 Frauen und 13 Männern besteht.

Zeigen sich Zahlen doppelt oder mehrfach (z. B. **11, 222, 3333** etc.), so handelt es sich hierbei um sogenannte „**Meisterzahlen**“. Dies ist meist ein Hinweis auf die Präsenz von Naturwesen.

Auch **Runen** sind normalerweise Symbole in der Welt der Hexen, haben aber keine Anwendung in der grünen Magie, sodass ich diese – auch aufgrund ihres großen Themenspeichers – an dieser Stelle ausspare.

Zu den „**magischen Tieren**“ werde ich im späteren Verlauf des Ratgebers noch Bezug nehmen. Hier wirst du etwas über Krafttiere erfahren.

Die Essenz der grünen Magie

Die Essenz, das ursprüngliche Wesen der grünen Magie, ist die bedingungslose Liebe zur Natur und zu allem, was ist. Erst, wenn dein Herz im Einklang mit dem Herzen von Mutter Erde schlägt, ist die Zeit dafür gekommen, die Kräfte der Natur zu verstehen und sich damit zu befassen, wofür du diese Magie anwenden kannst.

Die Wirkungsgebiete der grünen Magie sind breit gefächert. Die meisten Menschen nutzen die grüne Magie, um persönliche wie auch weltliche Ziele zu erreichen. Die einen wollen ihre Partnerschaft verbessern oder gar retten; andere verwenden sie für eine bessere Kommunikation – mit den lebenden wie mit den verstorbenen Seelen. Innerhalb der grünen Magie wird die Vielfalt an Kräutern zur Heilung, Stabilisierung und Verbesserung der Gesundheit eingesetzt.

Inzwischen weltweit bekannt für die Verwendung von Essenzen grüner Magie ist die mittlerweile heiliggesprochene **Hildegard von Bingen**. Sie wurde 1098 in Rheinland-Pfalz geboren und verstarb im September 1179. Hildegard von Bingen erkannte schon früh, dass der Mensch, sein Leib und seine Seele sowie die Umwelt in stetiger Verbindung miteinander stehen und alles miteinander verbunden ist. Mit 8 Jahren kam sie, als 10. Kind ihrer Eltern, in ein Kloster und wurde Nonne. Im Laufe ihres Lebens sahen sie die Menschen jedoch auch als Ärztin, Dichterin, Musikerin, Mystikerin, Naturforscherin, Prophetin und Seherin. Auch als Ärztin war sie tätig und bekannt dafür, dass sie nicht nur die Symptome behandelte, sondern auch die Ursachen der Leiden erforschte. Der seelische Gemütszustand ihrer Patienten hatte eine ganz besondere Bedeutung für sie.

Mit Anfang 40 hatte Hildegard von Bingen ihre ersten Visionen, die sie alle sorgsam dokumentierte und daraus ein umfangreiches Werk mit dem Titel **„SCIVIAS“** (Wisse die Wege) erschuf, das beispiellos in der europäischen Geschichte des Mittelalters ist. Seitdem gilt sie als erste Vertreterin der deutschen Mystik. Weitere Bücher folgten.

Viele Jahrhunderte blieben ihre Schriften über die ganzheitlich orientierte Heilkunde verborgen. Doch heute sind ihre Ratgeber aufgrund ihres enormen Wissensschatzes in keiner grünen Hexenküche mehr wegzudenken.

Ein weiterer Bestandteil der grünen Magie sind die Bachblüten, auch wenn sie erst viel später zu uns fanden, kommt ihnen keine geringere Bedeutsamkeit zu. In den 1930er Jahren veröffentlichte der britische Arzt Edward Bach ein alternativmedizinisches Verfahren und stellte die These auf, dass jede körperliche Krankheit auf einer seelischen Gleichgewichtsstörung beruhe. Einen Heilungsweg sah er darin, eine Harmonisierung zwischen der geistig-seelischen Ebene hervorzubringen. Um disharmonische Seelenzustände wieder in die göttliche Ordnung zu bringen, arbeitete er mit Blüten und Pflanzenteilen, indem er sie in Wasser einlegte oder auch kochte, um so ihre Schwingungen auf das Wasser (Wasser fungiert hier als Informationsträger) zu übertragen. Die „Urtinktur" war damit erschaffen, wurde stark verdünnt und aus ihr wurden die mittlerweile sehr bekannten Blütenessenzen hergestellt.

Auch wenn die Wissenschaft die Bach-Blütentherapie bisher nicht als wirksames Heilinstrument anerkennt, so zeigt der Einsatz des Wirkstoffes in der Praxis dennoch seine Wirkung.

Globuli, die aus Milchzucker bestehenden Streukügelchen, gehören ebenfalls zur Alternativmedizin und finden ihren Einsatz als homöopathische Mittel in der Bach-Blütentherapie und auch bei den **Schüßler Salzen**. Sowohl die Globuli als auch die Schüßler Salze finden ihren Ursprung in der Natur.

SONNE, MOND UND STERNE

Was wäre eine gute Hexe, wenn sie zu all ihrem Wissen um die Natur nicht auch die **Weisheiten des Mondes** in ihr Wirken einbeziehen würde? Die Mondzyklen sind es, die unsere Ozeane bewegen. Heute wissen wir, dass sowohl die Menschen als auch die Tiere und Pflanzen zu einem großen Teil aus Wasser bestehen und somit von den einzelnen Mondphasen stark beeinflusst werden können. Wenn wir diese Erkenntnis für unser eigenes Sein, aber auch für unser Handeln nutzen, erkennen wir die Möglichkeiten, diesen Tatbestand für uns zu nutzen.

Der Mond ist, gemeinsam mit der Sonne, den Sternen und unserem Aszendenten, ein wichtiger Faktor in unserem Leben.

Er steht für den menschlichen Instinkt, den rhythmischen Wandel und Wechsel, dem jedes Lebewesen unterworfen ist. In der Astrologie steht er stellvertretend für unsere physische und psychische Gesundheit. Doch ist der Mond so unbeständig wie kein anderer Himmelskörper, da er innerhalb von Stunden seine Gestalt und seine Position verändert. Seine Phasen nutzen die grünen Hexen, um mehr in den Kontakt mit ihrer Intuition, ihrer inneren Stimme, zu kommen. Es ist daher auch nicht verwunderlich, dass die hier vorgestellten Kräuter nicht zu jeder Zeit geerntet werden sollten, sondern ebenfalls einem bestimmten Rhythmus folgen. So mögen die Wurzeln vom Baldrian und Beinwell bis Ende November gesammelt werden, während die Vogelmiere das ganze Jahr über geerntet werden darf. Die Blätter des Bärlauchs oder auch der Petersilie sollten vor der Blüte gesammelt werden. Besonders viele Aromastoffe tragen Kräuter in sich, wenn sie viel Sonne tanken durften, aber wenig gegossen wurden.

Nicht zuletzt hat auch die Anziehungskraft des Mondes einen Einfluss auf die Inhaltsstoffe, sodass Kräuter in der Regel während des zunehmenden Mondes geerntet werden sollten.

Hildegard von Bingen schreibt hierzu:

„Wenn edle, gute Kräuter bei zunehmendem Mond vom Erdboden abgeschnitten oder mit der Wurzel aus der Erde gezogen werden, sobald sie in vollem Saft stehen, eignen sie sich besser zur Zubereitung von Latwergen*, Salben und jeder Medizin, als wenn man sie bei abnehmendem Mond sammelt.“

Eine *Latwerge ist eine eingedickte Saft-Honig-Zubereitung von zähflüssiger Konsistenz, die im Mittelalter als haltbare Arzneiform besondere Verwendung fand.

Dieses Zitat macht deutlich, dass die saftige Heilkraft bei zunehmendem Mond ideal für Essenzen, Öle und Salben ist; eben für alles, was in Flüssigkeit konserviert wird.

Wollen wir jedoch Kräuter, Früchte und Obst zum Trocknen sammeln, sollten wir dies laut Maria Thun (1922-2012), Pionierin des biologisch-dynamischen Pflanzenanbaus, am besten bei abnehmendem Mond verrichten, da das Geerntete sonst leicht verderben könnte.

Maria Thun stellt uns auch einen **Aussaatkalender** zur Verfügung, der in der Regel auf der Position des Mondes basiert. Das Wichtigste ist hier in Kürze zusammengefasst:

- Säe nicht bei Neu- oder Vollmond.
- Hackfrüchte* säe bei abnehmendem Mond.
- Blattgemüse und Blume säe bei zunehmendem Mond.

Unter *Hackfrüchten versteht man Kulturpflanzen wie Kartoffeln, Mais und Zuckerrüben, deren Wachstum durch mehrmaliges Behacken des Bodens gefördert werden.

Am besten legst du dir für jedes Jahr einen aussagekräftigen Mondkalender zu, auf diese Weise kannst du seine Vorschläge zumindest in Erwägung ziehen.

Doch nicht nur der Mond ist von tragender Bedeutung für unser magisches Wirken. Auch der **Stand der Sonne** hat einen großen Einfluss auf uns sowie auf die Pflanzen- und Tierwelt. Sie steht symbolisch für das Ewige, Ferne, Unnahbare und Unwandelbare und repräsentiert unseren Intellekt und unsere Persönlichkeit. Die Sonne verbinden wir immer mit Wärme und auch mit kreativer Vitalität – vor allen Dingen im Urlaub. Sie ist unser (fast) täglicher Energiespender und holt uns aus manchem tiefen, emotionalen Loch wieder heraus. In ihrem Licht fühlen wir uns wohl und geborgen und finden eher zur inneren Ruhe. Auch die Sonne unterliegt einem Zyklus, der sich entsprechend auf das Wachstum der Pflanzen und Kräuter auswirken kann.

Wenn du vorhast, deine gesammelten Kräuter zu trocknen, solltest du dies möglichst auf einem Dachboden tun, da dieser normalerweise luftig und warm ist und das Kraut vor direktem Lichteinfall schützt. Vor allem Heilkräuter sollten nicht direkt in der Sonne getrocknet werden. Zum Trocknen kannst du die Kräuter auf einem sauberen Leinentuch ausbreiten. Wende deine Kräuter täglich, damit überall Luft zum Trocknen herankommt. Aufbewahren kannst du deine getrockneten Kräuter dann z. B. in Kopfkissenbezügen, die du an einer Querstange befestigt herunterhängen lässt. Würdest du die Kräuter ohne Kissenschutz aufhängen, würden sie schnell verstauben.

Wie steht es mit all den anderen Himmelskörpern? Sind **die Sterne** nicht auch **ein großes Mysterium**?! Wie alt sind sie? Woher kommen sie? Wohin gehen sie? Oft lesen wir, dass Sterne bis zu 10 Milliarden Jahre alt werden können. Dies sind Behauptungen von Menschen, die über lange Zeit die Sterne beobachten und solche Aussagen dann von deren Verhalten, der Größe und der Temperatur ableiten. Belegt wurden diese Behauptungen bislang nicht.

Dennoch zieht es die meisten von uns immer wieder zu den Sternen. Gedanklich reisen wir zwischen den Welten und wir stellen uns vor, ob und wie wohl andere Lebewesen all diese Himmelskörper bewohnen. Oft ist die Rede von „Sternensaaten". Dies sind Wesen, die zahlreiche Leben auf dieser Erde gelebt haben und sich auch an Leben auf anderen Sternen, in anderen Galaxien erinnern können. Sie verfügen in der Regel über besondere Fähigkeiten (Hellwissen, Hellsichtigkeit, Hellfühligkeit, Telepathie etc.) und ihre Seelen tragen die göttliche, innere Weisheit in sich. Aber ob du nun eine Sternensaat bist oder nicht, ich denke, jeder von uns spürt den zunehmenden Einfluss der Sterne an unserem Firmament. Und wenn du persönlich dich schon ein wenig mit dem Thema „Aufstieg" beschäftigt hast, kennst du sicher auch das **Geheimnis der Sterne**: Ihre Sternenenergien leiten einen grundsätzlichen Schwingungswechsel für unseren Planeten und all seine Lebewesen. Die hellsten Sterne haben hierbei den stärksten Einfluss. Sie geben uns Führung und schenken uns Einsicht und Verständnis. Und wenn wir uns auf sie einstimmen, heben sie unser Bewusstsein an und begleiten uns auf unserem Seelenweg.

LEBEN IM EINKLANG MIT DEN JAHRESZEITEN

Nachdem wir uns eingehend dem Thema „Sonne, Mond und Sterne" zugewendet haben, gibt es noch einige Dinge zu beachten, die einen großen Einfluss auf den Erfolg des Anwendens deiner Kräuter haben und diese auch auf besondere Weise ehren. So gibt es beispielsweise **magische Tage**, die unsere Aufmerksamkeit verdienen und deren Bräuchen du in Ehrerbietung an Mutter Natur folgen kannst:

6. Januar – Dreikönigstag

Wer kennt sie nicht, die drei Könige, die einst einem hellstrahlenden Stern folgten und Geschenke dabeihatten, um das Jesuskind zu huldigen? Sie brachten ihm ihre Schätze: Gold, Weihrauch und Myrrhe.

- Das Gold spricht von der Herrlichkeit, der Gerechtigkeit und von der göttlichen Vollkommenheit Jesus.
- Der Weihrauch ist ein Abbild von der Herrlichkeit des Herrn Jesus in seinem Wandel hier auf Erden in vollkommener Gemeinschaft mit dem Vater.
- Die Myrrhe spricht deutlich von den Leiden Gottes Sohnes. Es duftet sehr intensiv und bitter nach Harz.

Später reinigten die Menschen an diesem Tag ihre Wohnräume und Stallungen mit Weihrauch, um diese von bösen Wintergeistern zu befreien. Man legte zudem eine mit Salz bestreute Zwiebel auf das Fensterbrett und nutzte diese als Wetterorakel. Aus der Feuchtigkeit bzw. Trockenheit konnte man auf die durchschnittliche Wetterlage des kommenden Jahres schließen.

Zum Andenken ziehen noch heute mancherorts Menschen durch die Straßen, singen Lieder, bringen Gottes Segen und schreiben „C + M + B" an die Türen. Dies sind allerdings nicht, wie oft angenommen, die Abkürzungen für die Vornamen der Könige Caspar, Melchior und Balthasar, sondern sie stehen für "Christus Mansionem Benedicat". Dies bedeutet: „Christus segne dieses Haus" und soll Schutz bringen.

30. April – Walpurgisnacht (Walburgisnacht)

Ursprünglich wurde in der Nacht das keltische Fest **„Beltane"** (das Mondfest; der erste Vollmond zwischen der Frühjahrestagundnachtgleiche **„Ostara"**, um den 20. März, und der **Sommersonnenwende** am 21. Juni) gefeiert. Die katholische Kirche benannte es dann aber um in „Walpurgisnacht", denn in dieser Nacht wurden im 8. Jahrhundert die Gebeine der Heiligen Walburga umgebettet. Sie war eine angelsächsische Benediktinerin und Äbtissin im Kloster in Heidenheim und wirkte zu Lebzeiten ebenfalls mit Heilkräutern.

Im Gedenken an diese Nacht feierten die Hexen daraufhin jeweils am Abend vor dem 1. Mai große Frühlingsfeste mit einem Freudenfeuer (**„Walpurgisfeuer"**), da die **Heilige Walburga** die Hexen damals beschützt hatte. Noch heute wird dieser Nacht nachgesagt, dass die Hexen zu einem Festtreffen den Blocksberg (ursprünglich „der Brocken" im Mittelgebirge im Harz) aufsuchen; übrigens auch ein interessanter Kraftplatz, den du einmal besuchen solltest. Noch heute gilt eine alte Bauernregel:

„Ist die Hexennacht voll Regen, wird's ein Jahr mit reichlich Segen."

24. Juni – Johannistag
Der Johannistag ist einer der wichtigsten magischen Tage des Jahres, bei dem Kräuter eine große Rolle spielen. Es ist das Hochfest der Geburt „Johannes' des Täufers". Hier gilt der Brauch, ein Johannisfeuer zu entzünden und dass Liebespaare gemeinsam über das Feuer sprangen, damit ihre Liebe auch weiterhin von Glück beschert ist. Manche Menschen trugen zu diesem Fest den „Sonnwendgürtel", einen Gürtel aus Beifuß oder Beinwell, der dann im Anschluss in die Flammen geworfen wurde, um die Krankheiten des folgenden Jahres zu verbrennen.

15. August – Kräuterweihe (Mariä Himmelfahrt)
An diesem Tag feiert die katholische Kirche das „Hochfest der Aufnahme Mariens in den Himmel". Seit dem 5. Jahrhundert werden an diesem Tag sieben wohlriechende Heilpflanzen zu einem Kräuterbüschel zusammengebunden, auf den Altar gestellt und mit einem Segensgebet geweiht.

1. August – Dreisgenzeit
Die Dreisgenzeit beginnt mit Mariä Himmelfahrt (15. August) und endet mit dem Datum von Maria Geburt (8. September). Nach einem alten Volksglauben liegt zu dieser Zeit ein besonderer Segen auf der Natur. Aus diesem Grund wurden (und werden heute noch) in dieser Zeit die Kräuter gesammelt, da sie angeblich nur dann wirksam waren.

11. November – Poppy Day (Remembrance Day / Veteranen-Tag)
Dies ist der Tag, an dem der 1. Weltkrieg im Jahr 1918 endete: „der elfte Tag des elften Monats um elf Uhr". Am darauffolgenden Sonntag wird in England nun jedes Jahr ein Strauß mit Mohnblumen (im Englischen „Poppies") am Mahnmal „Cenotaph" in London niedergelegt, um an die gefallenen Soldaten zu erinnern und sie zu ehren. Das tiefe Rot der Blumen soll an das vergossene Blut dieser Menschen erinnern. So wurde die Mohnblume zum Symbol für die Gefallenen.

4. Dezember – Barbaratag
Dieser Tag wird zu Ehren der Schutzpatronin der Bergleute, **der heiligen Barbara**, gefeiert. Im 3. Jahrhundert galt die heilige Barbara in Kleinasien als Märtyrerin. Als sie damals in den Kerker gesperrt wurde, soll sich in ihrem Kleid ein Kirschbaumzweig verfangen haben. Die Legende erzählt, dass sie diesen Zweig mit ihrem wenigen Wasser aus dem Trinknapf gepflegt haben soll. An dem Tag, an dem sie zum Tode verurteilt wurde, erblühte dieser

Kirschzweig, und das war ein Zeichen für sie, dass auch sie nach ihrem Tode zu neuem Leben erblühen würde.

Heutzutage ist es Sitte, dass man am 4. Dezember einen Kirschzweig schneidet und in ein geheiztes Zimmer stellt. Wenn dieser Zweig dann am Weihnachtsfest erblüht, soll dies ein Zeichen dafür sein, dass die Zukunft positiv verläuft.

21. Dezember – Thomastag

Ursprünglich gedenkt man an diesem Tag dem Jünger Thomas, der zunächst an die Auferstehung von Jesus glauben wollte, bis der ihm dann aber erschien und Thomas seine Finger in die Wunden Christi legen konnte.

In Bayern gab es den Brauch, dass man am Thomastag in einem Topf mit guter Erde Gerstenkörner aussäte und diesen in die warme Stube stellte. Nach den Weihnachtstagen wurde dann anhand der gewachsenen Gerste orakelt, wie denn das Wetter im kommenden Jahr sein würde; dabei bedeutete jeder Tag nach Weihnachten einen Monat.

Frauen sollten in dieser Nacht das letzte Früchtebrot backen. So konnten sie mit ihren bemehlten Händen die Obstbäume im Garten umarmen. Täten sie es nicht, würde die kommende Ernte schlecht werden.

21. Dezember – Wintersonnenwende

Der Tag, an dem „die Sonne senkrecht zum Wendekreis des Steinbocks reflektiert wird“, nennt man Wintersonnenwende. Zur Feier des Tages wurden grüne Zweige als Schutz und Zaubermittel sowie zur Beschwörung des Sommers geschnitten und ins Haus gestellt.

24. Dezember – Weihnachten

Weihnachten, das Fest der Christen – seine Symbolfarben sind Grün und Rot und so wurde bereits zur Adventszeit darauf geachtet, dass der Kranz aus grünen Zweigen besteht. Grün symbolisiert hierbei nicht nur die Hoffnung auf den Lebenserhalt im „dunklen Winter“, sondern auch die Treue. Dabei wurde die Lebenskraft, die in den grünen Zweigen steckt, als Heilkraft gedeutet. Indem das Haus mit diesem Grün geschmückt wird, holt man sich die Gesundheit ins Haus. Bevorzugt werden noch heute Nadelbäume wie Fichte, Kiefer und Tanne, die Eibe, der Buchsbaum, Efeu, Kronsbeere, Rosmarin, Stechginster, Stechpalme und Wacholder. Dem Buchsbaum wurden dabei besondere Kräfte zugesprochen.

Das Rot soll an das Blut Christi erinnern, das er vergossen hat, um die Welt zu erlösen.

Grundlagen & Ausstattung zur Umsetzung

Dein Wunsch, dich mit der grünen Magie zu befassen und den Weg der grünen Hexe oder des Erdmagiers zu gehen, hat sich durch diesen umfassenden Ratgeber sicher noch gefestigt. Damit dem nichts im Wege steht, erkläre ich dir nun, was du dafür benötigst und wie du die grüne Magie sinnvoll anwendest.

EINEN MAGISCHEN KRAFTPLATZ IM EIGENEN HAUS FINDEN

Sobald du dein Wissen bezüglich der heilsamen Kräuter ein wenig gefestigt hast, ist es auch schon an der Zeit, den richtigen Kraftplatz in deinem Zuhause zu finden. Natürlich kannst du einfach einen Raum nehmen, der gerade frei ist. Diesen einen besonderen Ort solltest du jedoch mit Bedacht wählen und ihn unter Zuhilfenahme einer Rute oder eines Tensors (Einhandrute) selbst ausfindig machen oder jemanden beauftragen, der sich damit auskennt. Die Kräuter werden es dir danken.

Solltest du lieber deiner Intuition folgen wollen, so begebe dich in das Zimmer, das für dich am geeignetsten erscheint, und stelle dir folgende Fragen:

- Was macht der Platz mit mir? Wie fühle ich mich in diesem Moment?
- Wie fühlt sich mein Herz an? Ist es weit oder eng?
- Wie reagiert mein Bauch, wenn ich eine Weile an diesem Ort verweile?
- Wie ist meine Atmung? Atme ich frei oder fühlt es sich gehemmt an?

• Spüre ich eine fließende Energie oder ist sie eher stockend wahrzunehmen?

All diese Faktoren sind später wichtig, damit du dich auch tatsächlich wohlfühlst. Denn eines ist sicher:

Dein Gefühl überträgt sich auf die Kräuter und auf alles, was du von nun an daraus zaubern wirst.

Sobald der passende Raum gefunden ist, solltest du ihn vor allem energetisch reinigen, indem du ihn mit einheimischen Kräutern (wie z. B. Beifuß oder Salbei) ausräucherst.

Falls du ein Haustier zum Freund hast, kann es dich ebenfalls unterstützen, denn Hunde legen sich ungern auf Plätze, an denen sich zum Beispiel zwei Wasseradern kreuzen (keine gute Energie!), und Katzen sind mit der Anderswelt verbunden, so dass du sie womöglich gar nicht mehr aus dem Zimmer entfernen kannst, wenn es „der richtige Ort“ ist.

Die **Anderswelt** ist ein wichtiges Element in der Naturspiritualität und vergleichbar mit der geistigen Welt. Der Begriff stammt aus der keltischen Mythologie und ist im Grunde eine Parallelwelt zu unseren, die sich in den unterschiedlichsten Daseinsformen zeigt: als Insel, als Hügel, als Eingang zu einem Berg oder ein Reich, in dem sich auch Seelen aufhalten, die nicht mehr hier auf der Erde weilen, uns aber in unserem täglichen Tun unterstützen; zumindest einige von ihnen.

Wenn du den Wunsch hegst, deine Intuition noch verbessern und dich spirituell weiterentwickeln zu wollen, so beginne bei der Umsetzung der grünen Magie bestenfalls mit dir selbst und widme dich folgenden Pflanzen:

Ginseng, Hopfen, Kamille, Lavendel, Linde, Löwenzahn, Rosmarin, Safran, Salbei, Thymian und Wermut.

Du kannst sie zu Tee oder Öl verarbeiten, in deine tägliche Nahrung integrieren oder damit räuchern.

DER GRÜNE ORT: MAGISCHE KRAFTPLÄTZE IM FREIEN

Zu Beginn hast du bereits einiges über die Leylinien erfahren und weißt, dass diese besondere Kraftplätze sind. Entsprechende Karten findest du im Internet. Alternativ kannst du sie selbst aufspüren, wenn du beispielsweise Rutengänger bist.

Es existieren weltweit viele magische Orte, an denen du Energie auftanken und als Kräuterhexe optimal wirken kannst. Ich gebe dir nun eine Übersicht der acht stärksten Kraftorte, die derzeit in Deutschland zu finden sind:

Der Everstorfer Forst – Hier finden sich 15 steinzeitliche Großsteingräber (aus der Zeit ca. 3.000 v. Chr.), die in zwei Gruppen stehen. Da die Menschen sich nicht vorstellen konnten, wie solch tonnenschwere Felsbrocken überhaupt dort hingebracht werden konnten, glauben sie, dass wohl Riesen oder der Teufel selbst diese Gräber erbaut hätten. Von diesen Steinen soll eine undefinierbare Kraft ausgehen und viele Besucher berichteten, dass sie bereits in ihrer Nähe ein Kribbeln in sich verspürten. Zu finden sind die Gräber östlich von Grevesmühlen im Landkreis Nordwestmecklenburg, Mecklenburg-Vorpommern.

Die Externsteine – Sie sind eine germanische Kultstätte und über 70 Mio. Jahre alt. Die Legende dieser 40 Meter hohen Felsen besagt, dass einst auf dem höchsten Felsturm der Weltenbaum Irminsul stand. Er symbolisierte die Verbindung zwischen Himmel und Erde. Zu finden ist er im Horn-Bad, Meinberger Ortsteil Holzhausen – Externsteine, Kreis Lippe, Nordrhein-Westfalen.

Der Gollenstein bei Blieskastel – Dieser knapp 7 Meter hohe Menhir (vorgeschichtlicher, hochragender Steinblock) stammt aus der Jungsteinzeit (vor ca. 4000 Jahren) und seine Form erinnert an ein Phallussymbol. Der Gollenstein ist ein beliebtes Wallfahrtsziel, da der Gollenstein einen positiven Einfluss auf die Fruchtbarkeit der Felder, Menschen und Tiere haben soll. Dieser Kraftplatz befindet sich in der Nähe von Fechingen, im Saarpfalz-Kreis im Saarland.

Der Himmelsweg von Nebra – Im Jahr 2002 fand man auf dem Mittelberg bei Nebra eine zwei Kilogramm schwere Himmelsscheibe, die noch aus der Bronzezeit stammte. Mit ihr wurde früher die Sommersonnenwende bestimmt. Dies war sehr wichtig für die Ernte. Zudem diente sie als Ritualkalender, um die Opfertage festlegen zu können. Mit ihr soll man dem Jenseits sehr nah kommen können und dabei den Schutz der Götter genießen dürfen. Wenn du diesen Ort aufsuchen möchtest, führt dein Weg über „die vier Stationen der Himmelswege" zu folgender Adresse: An der Steinklöbe 16, 06642 Wangen, Sachsen-Anhalt.

Der Hügel von Ruhpolding – Eine Legende besagt, dass im 3. Jahrhundert ein Drache in einem See nahe der Stadt hauste. Die Menschen dort lebten in Angst und Schrecken. Sie fürchteten sich vor diesem bösen Tier. Dann kam der heilige Georg und tötete mit seiner Lanze den Drachen. Ihm zu Ehren wurde die Kirche St. Georg erbaut, als Zeichen für den Sieg gegen das Böse. Die drei Quellen, die sich rundum die Kirche befinden, schenken den Menschen gute Abwehrkräfte und wirken heilend. Wer diese besondere Drachenenergie erspüren möchte, findet sie in der Kirchberggasse 9, 83324 Ruhpolding, Bayern.

Das Jesusbrünnlein – Es gibt Erzählungen, dass einst ein Schäfer seine Herde dort hütete und wegen der enormen Hitze alle Brunnen ausgetrocknet waren. Daher kniete er nieder und betete. Kurz darauf sprudelte direkt aus dem Felsen neben ihm eine Quelle, sodass sie gerettet waren. Dieser Gnadenquelle wird eine besondere Heilkraft zugesprochen. Sie liegt am Fuß der Hörselberge, Thüringen.

Die Klosterruine von Disibodenberg – Disibodus, der Namensgeber dieses mystischen Ortes, gründete im Jahr 640 dort ein Kloster. Unter den dort lebenden Benediktinerinnen war auch die bereits erwähnte Heilerin und Seherin Hildegard von Bingen. Die Klosterruine hat mittlerweile die gleiche Bedeutung wie eine Wallfahrtskirche. Sie zieht viele Pilger magisch an, die dem Geist von Hildegard von Bingen nachspüren wollen. Du findest diese Ruine am Disibodenberger Hof, 55571 Odernheim am Glan, Rheinland-Pfalz.

Der Untersberg – Er gilt als Herzchakra Europas und ist von gigantischen Höhlensystemen durchzogen. Bewacht werden sie von Kobolden und Riesen, damit sich niemand dort hineinbegibt. In ihrer Nähe sind bereits viele Menschen auf mysteriöse Weise verschwunden oder haben „Zeit verloren". Auch sollen hier Zeitreisen möglich sein und es gibt Berichte darüber, dass in den Höhlen wohl immer noch Soldaten aus dem 1. Weltkrieg leben. Die Bergquellen sollen Heilung und Kraft spenden. Das ca. 70 Quadratmeter große Bergmassiv liegt am nördlichen Rand der Berchtesgadener Alpen, an der Grenze zwischen Bayern (Deutschland) und Salzburg (Österreich).

Die Auflistung zeigt, dass auch Deutschland eine Vielzahl an Kraftorten bietet. Doch gibt es weitaus mehr Kraftplätze, die du für deine magischen Zwecke nutzen kannst. Du kannst zum Beispiel auch Plätze aufsuchen, an denen Dolmen oder Hünengräber zu finden sind, aber auch ein ganz

„normaler“ Wald, ein Bach, ein Berg oder eine Wiese können dir einen Ort bieten, um erlesene Kräuter zu finden und deine grünen Zauberkräfte besonders gut wirken zu lassen.

Wo auch immer es dich hinzieht, aus spiritueller Sicht wäre es gut, wenn du dich zuvor energetisch reinigst oder zumindest mit positiven Gedanken ans Werk gehst. Betrete jeden Ort achtsam und respektvoll und öffne deinen Geist und dein Herz für all die unvorstellbaren Dinge, die dir dort widerfahren können.

HEXENWERKZEUGE

Nachdem wir einen kleinen geistigen Ausflug zu verschiedenen Kraftorten gemacht haben, beschäftigen wir uns in diesem Kapitel mit den Hilfsmitteln der Kräuterhexen.

Für die Ausübung der grünen Magie sind die Intuition, ein klarer Verstand und die Liebe zur Natur ein zentraler Bestandteil. Zusätzlich zählen ein luftdurchlässiger Weidekorb zum Sammeln, ein gutes Messer und sterile Behältnisse aus Glas zu den wichtigsten Accessoires.

Auch ein „Hexenkessel“ kann zu deinen Werkzeugen zählen. Im Verlauf der Zeitgeschichte hatte dieser oftmals eine ikonische Rolle bei der Darstellung von Macht. Er diente als Altarbild oder unterstützte bei der Weissagung, eine Fähigkeit, die auch viele Kräuterhexen zu dieser Zeit beherrschten. Kleinere Exemplare werden heutzutage oft als Halter für Räucherstäbchen verwendet. Erwähnenswert in Bezug auf den Einsatz eines Hexenkessels sind die folgenden Informationen, die du selbst auch gleich ausprobieren kannst, wenn du bereits einen besitzt:

Du kannst deinen Kessel als transformativen Katalysator für deine magische Arbeit verwenden, indem du einen Herzenswunsch auf ein Blatt Papier schreibst, es mit einem Streichholz anzündest und es in den Kessel fallen lässt. Möge er zum Wohle aller Beteiligten in Erfüllung gehen!

Zudem kannst du den Hexenkessel vor allem zum Herstellen deiner Kräutertränke nutzen. Wertvolle Rezepte hierzu findest du weiter hinten in diesem Ratgeber.

Manche Hexen tragen zusätzlich zum Schutz Amulette und Talismane. Diese sind aus den unterschiedlichsten Materialien, bevorzugt werden jedoch Anhänger aus Edelstahl, Gold, Silber, Kupfer und Zedernholz, da diese eine ganz eigene Energie in sich tragen.

Für die Ausübung der grünen Magie gibt es weitere Werkzeuge, die genutzt werden können. Doch die meisten von ihnen gehören eher in die weiße oder dunkle Magie, weshalb sie an dieser Stelle außer Acht gelassen werden.

Der Altar

Auch wenn die grüne Magie nichts mit Religion, sondern mit Spiritualität zu tun hat, werden Altäre als Hilfsmittel für die grüne Magie eingesetzt. Sie dienen jedoch nicht als Opfertisch, wie der Begriff „ara" ursprünglich übersetzt wird, sondern der Platzierung von magischen Werkzeugen wie Kristallen, Muscheln, Steinen und Federn. Er sollte möglichst im Osten stehen und möglichst weit entfernt von elektrischen Geräten. Hierbei solltest du besonderen Wert darauflegen, dass die Elemente mit auf dem Altar vertreten sind. Daher wird empfohlen, Kerzen für das Element **Feuer**, einen mit **Wasser** gefüllten Kelch und ein Räuchergefäß zum Verbrennen von Kräutern (für das Element **Erde**) zu verwenden. Federn dienen zum Wedeln des Rauches und stehen für das Element **Luft**. Schön sind auch vitale Topfpflanzen (z. B. Aloe vera), die das Leben selbst symbolisieren. Zauberstäbe werden in der Regel in der grünen Magie nicht genutzt.

Als Altar kann eine schöne, alte Kommode oder ein alter Fernsehtisch dienen, auf dem du ein Spitzendeckchen oder ein anderes magisches Tuch platzierst, das dir selbst etwas bedeutet. Besitzt dein Altar Fächer oder Schubläden, so kannst du dort auch selbst erzeugte Essenzen und Öle etc. aufbewahren. Dies schenkt deinem Altar zusätzlich magische Kräfte.

Athame

Das Athame, auch als Ritualdolch oder Zeremonialmesser bekannt, gehört nicht zwangsläufig zu den Werkzeugen, derer sich die grüne Magie bedient. Häufiger findet er Verwendung als Schneidewerkzeug für Kräuter und zum Herausheben von begehrten Wurzeln. In der Regel besteht er aus Metall und symbolisiert das Element Feuer. Seine Klinge steht für die scharfe Kälte des Winters, die Klarheit und die Schärfe des Verstandes. Bei Ritualen wird er entweder dirigierend (Energien lenkend), trennend (ungewünschte energetische

Verbindungen) oder verbindend eingesetzt. Das Athame ist auch befähigt, Amulette, Talismane und andere Objekte aufzuladen.

Der Dolch wird der aktiven, männlichen Energie zugeordnet. Ursprünglich wurde er als Waffe eingesetzt, doch sollte man hier **eines der wichtigsten Hexengesetze** kennen:

„So, wie man es gibt, wird man es dreifach zurückbekommen."

Der Kelch stellt das Gegenstück zum Athame dar. Als Gefäß symbolisiert er das passive Weibliche. Indem oft ein Dolch in dem Kelch stehend abgebildet wird, wird verdeutlicht, dass sich das Männliche in das Weibliche versenkt.

Grimoire

Ein Grimoire ist ein Buch, in dem magisches Wissen zusammengetragen wurde. Es ist vergleichbar mit einem Zauberbuch und wurde auch als „Buch der Schatten" bezeichnet. Grimoires enthalten oftmals magische Sprüche, Wissenswertes über die Astrologie, Auflistungen zu Dämonen und Engeln und Anleitungen, wie man magische Wesen herbeirufen oder Zaubertränke herstellen kann. Bereits in der Antike nutzten Priester sie, um ihre magischen Anweisungen, Formeln, Symbole und Zeichen schriftlich festzuhalten. Auch wurden in einem Grimoire Rezepte niedergeschrieben, die von Generation zu Generation weitergegeben wurden. Bedauerlicherweise sind viele von ihnen mit der Zeit verloren gegangen. Daher ist es empfehlenswert, deinen ganz persönlichen Grimoire zu verfassen und all deine lichtvollen Erkenntnisse und Erfahrungen dort festzuhalten.

Zusätzlich steht es dir natürlich frei, deinen magischen Wirkungskreis mit getrockneten Kräutern zu behängen und Kerzen sowie Heilsteine, wie Bergkristall für die Klarheit, Rosenquarz für die Liebe am Tun, Amethyst zum energetischen Reinigen deiner Utensilien und des Raumes, aufzustellen, die dich bei deiner Arbeit sicher liebend gern unterstützen.

Denke daran, deine „Hexenküche" regelmäßig energetisch zu säubern. Dies kannst du durch Räuchern herbeiführen oder aber durch das Einsetzen von Kristallen. Der Amethyst (vorzugsweise eine Druse) ist hierfür am besten geeignet, denn seine Fähigkeiten liegen darin, Räume und Gegenstände, in diesem Fall all deine Kräuter, Flüssigkeiten und Gegenstände, zu energetisieren (mit positiver Energie aufzuladen) und zu reinigen. Die Energetiker unter uns können dies natürlich auch rein mit ihrer Gedankenkraft bewerkstelligen. Die liebevolle Absicht zählt.

RITUALE

Rituale sind nach vorgegebenen Regeln ablaufende, meist formelle und oft feierliche Handlungen mit einem gewissen Symbolgehalt. Sie bieten die Möglichkeit, Mutter Natur zu ehren und für ihre Gaben zu danken. Mondphasen spielen auch hier eine große Rolle. Ursprünglich wurden sie verwendet, um Erinnerungen an frühere Leben zurückzubringen oder vorausschauende Träume herbeizuführen. In der grünen Magie steht vor allem die Verwendung von Pflanzen im Vordergrund. Bereits seit langer Zeit sind jahreszeitliche Rituale üblich, die oftmals mit Festen in Verbindung stehen.

Unter anderem gibt es das **Februar-Ritual**: Hier wird das Alte mit einem Birkenbesen ausgekehrt, Krankheitsgeister und das Vergangene werden abgestreift und auch am ganzen Körper mit dem Reisig abgeklopft. Gemäß einem alten Glauben sollte dies sogar die Fruchtbarkeit erhöhen und Kindersegen bringen. Zu den grünmagischen Ritualen gehört auch **das Verbrennen einer Akazie**. Dies dient dazu, um Botschaften von Geistern zu empfangen, da sie den „Vorhang" zwischen dieser und der Anderswelt merklich dünner werden lässt.

Das **Julfest** findet am 21. Dezember eines Jahres statt, dem Tag, an dem die Sonne sich wieder mehr auf Erden zeigen wird und das Licht zurückbringt. Zu diesem Anlass wird vier Wochen zuvor ein Julkranz gebunden, der in der Regel aus mindestens neun verschiedenen Kräutern besteht. Dafür kannst du folgende immergrüne Pflanzen sammeln: Buchsbaum, Efeu, Eibe, Fichte, Heidekraut, Kiefer, Lebensbaum, Rosmarin, Stechpalme, Tanne und Wacholder. Bestückt wird der Kranz mit vier Kerzen und einer weiteren großen Kerze, die in der Mitte ihren Platz findet. Vier Wochen vor Jul zündest du dann alle vier Kerzen an, mit jeder weiteren Woche jeweils eine Kerze, denn in dieser Zeit schwindet ja auch das Tageslicht. Zur Wintersommerwende, die jeweils am 21. Dezember gefeiert wird, zündest du keine der vier äußeren Kerzen mehr an, sondern nur noch jene große Kerze in der Mitte. Allein das Binden des Kranzes ist bereits ein magischer Akt und du bist eingehüllt in den angenehmen Duft dieser Pflanzen, die daraufhin ihre heilenden und schützenden Kräfte wirken lassen.

Die Rauhnächte werden mit Räucherungen eingeleitet, die das erste Mal an Jul zur Wintersommerwende stattfinden. Zum Räuchern kannst du Beifuß, Kampfer, Salbei, Thymian und Wacholder verwenden. Es ist eine Zeit der Besinnung und des Innehaltens. Lasse das alte Jahr Revue passieren und richte dich mental auf das neue Jahr aus. Für die Rauhnächte gibt es viele Rituale. Eines davon ist:

Das Ritual der 13 Wünsche

Am 21. Dezember zur Sommersonnenwende nimmst du dir 13 Zettel und beschriftest diese jeweils mit einem realistischen Wunsch. Falte alle Zettel nun so zusammen, dass von außen nicht mehr erkennbar ist, welcher Wunsch sich wo befindet. Diese Wunschzettel bewahrst du nun in einem schönen Kästchen oder Beutel auf und wartest bis zur ersten Rauhnacht, am 25. Dezember. Du ziehst einen der Zettel aus dem Behältnis, öffnest ihn aber nicht! Stattdessen nimmst du deine Räucherschale oder ein anderes feuerfestes Gefäß und verbrennst den gezogenen Zettel. Mit diesem Ritual übergibst du die Erfüllung deines Wunsches an das Universum und bedankst dich. So verfährst du nun auch die nächsten 11 Rauhnächte, bis nur noch ein letzter Wunschzettel übrigbleibt. In der folgenden Nacht darfst du diesen feierlich öffnen. Für die Erfüllung dieses einen Wunsches bist du dann im kommenden Jahr selbst verantwortlich.

PRAKTISCHE TIPPS FÜR DIE HEXENKRÄUTERKÜCHE

Ein offenes Feuer sieht nicht nur zauberhaft aus, sondern schenkt uns zudem wohlige und vor allem gesunde Wärme und mehr Lebensenergie. Natürlich kannst du aber auch einen herkömmlichen Herd verwenden, achte jedoch bei dem Verarbeiten deiner Kräuter immer auf die jeweiligen Mondphasen (siehe dazu das Kapitel „Sonne, Mond und Sterne“) und beziehe möglichst immer alle vier Elemente in deine Handlung ein.

Wenn es die Jahreszeit zulässt, verwende stets frisch gesammelte Kräuter, ansonsten wirst du im Laufe des Jahres sicher einen gewissen Fundus an getrockneten Kräutern angelegt haben. Und bitte achte stets auf Hygiene! Solltest du Essenzen, Öle oder Salben herstellen, müssen deine Hände, deine Werkzeuge und die Gefäße immer sauber sein. Gläser, Flaschen und Salbendöschen koche möglichst vor dessen Füllung aus.

Die wichtigste Voraussetzung bist jedoch du selbst. Achte darauf, in welchem Gemütszustand du dich gerade befindest und welche Absicht du verfolgst. Deine Gedanken und dein Herz sollten stets rein sein. Und mit etwas Geduld, ganz viel Freude und einem sanften Lächeln auf den Lippen wird dir sicher alles gelingen; wenn nicht sofort, dann doch mit der Zeit und den wachsenden Erfahrungen.

Der Zauber der grünen Magie beginnt

Du erhältst nun einen umfangreichen Einblick in die unterschiedlichsten Rezepte, die du im Kontext mit der grünen Magie verwenden kannst.

GRUNDREZEPT – TINKTUR

Eine Tinktur ist ein Kräuterauszug mit Hilfe von Alkohol. Um eine Tinktur herzustellen, brauchst du außer Kräutern also auch eine alkoholhaltige Flüssigkeit, wie z. B. handelsüblicher Doppelkorn oder Wodka (ca. 40 % Vol.). Verwendest du frische oder sehr wasserhaltige Pflanzenteile oder soll deine Tinktur besonders stark werden, benötigst du hochprozentigen Weingeist (70 % oder 95 % Vol.) aus der Apotheke, da die Flüssigkeiten der Kräuter die spätere Tinktur verdünnt.

Generell gilt:
Je höher der Alkoholgehalt, desto länger hält sich die Tinktur.

Zutaten

Kräuter (z. B. Arnika, Beifuß oder Salbei vorzugsweise im Frühjahr und Sommer gesammelt)
Doppelkorn oder Weingeist

Zubereitung

1. Fülle die Kräuter in ein großes Schraubdeckel-Glas und lasse noch etwa die Hälfte im Glas frei.

2. Gieße den Alkohol über die Kräuter, bis sie gut bedeckt sind, und verschließe das Glas.

3. Lasse die Tinktur nun für zwei bis sechs Wochen an einem warmen Ort ziehen. Nach und nach nimmt die Tinktur immer mehr Farbe an.

4. Nach der Wartezeit wird die Tinktur abgefiltert. Dazu eignet sich am besten ein Kaffeefilter.

5. Stülpe den Kaffeefilter über ein zweites Glas und gieße die Tinktur durch den Filter. Die fertige Tinktur tropft jetzt in das zweite Glas.

6. Anschließend wird die Tinktur in eine dunkle Flasche abgefüllt.

7. Verschließe die Flasche sorgfältig und beschrifte sie mit der Angabe von Inhalt und dem Datum.

8. An einem dunklen Platz gelagert, hält sich eine Tinktur mindestens ein Jahr, bei sehr kühler Lagerung auch länger.

Im Regelfall kannst du von der fertigen Tinktur dreimal täglich 1-2 Teelöffel bzw. 20-50 Tropfen (am besten mit einer Pipette) einnehmen oder sie für Salben und Gels weiterverwenden.

Solltest du eine Tinktur auf Wurzelbasis herstellen wollen, beachte bitte, dass du mit der Herstellung hierfür in den Herbstmonaten beginnst. Auch hier empfiehlt sich wieder ein 70- bis 90-prozentiger Alkohol.

ACHTUNG: Für den Fall, dass du eine Tinktur ohne Alkohol herstellen willst, verwende stattdessen Apfelessig.

Ansonsten ist das Procedere unserem Grundrezept sehr ähnlich. Die Wartezeit beträgt hier mindestens 8 Tage bis zu 6 Wochen.

Lass uns nun betrachten, welche der wichtigsten Tinkturen für welche Beschwerden zu verwenden sind:

Alant-Tinktur – bei Lungenleiden, Magenschwäche und Verdauungsbeschwerden; diese Tinktur wird innerlich eingenommen.

Arnika-Tinktur – Umschläge helfen bei Gewebeschwellungen, Knochenbrüchen, Muskel- und Sehnenzerrungen, Prellungen, Sportverletzungen und Verstauchungen. Generell ist Arnika ein unverzichtbarer Begleiter bei Sportlern. Eine wohltuende Massage mit Arnika-Öl oder -salbe fördert zudem die Durchblutung und lockert die Muskulatur. So kann sie auch vor Muskelkater schützen. Die Tinktur sollte nur äußerlich und immer mit Wasser im Verhältnis 1 zu 5 verdünnt werden, wenn du sie auf betroffene Stellen direkt auftragen willst.

Baldrian-Tinktur – hilft bei Angst- und Panikattacken, Schlafstörungen, nervösen Spannungen und Unruhezuständen. Die Anwendung erfolgt durch Einnahme.

Beifuß-Tinktur – unterstützt unser Immunsystem und hilft bei Frauen- und Verdauungsproblemen. Du kannst sie auch bei Muskelkater und Verspannungen nutzen, dazu reibst du die betroffenen Stellen gut mit der Tinktur ein. Sie kann übrigens auch innerlich eingenommen werden.

Beinwurz-Tinktur – hilft bei Blutergüssen, Knochenbrüchen, Narben, Quetschungen und Rissen. Sie wird äußerlich angewendet.

Engelwurz-Tinktur – ist seit Jahrtausenden ein guter Verbündeter und hilft, innerlich angewendet, gegen alle möglichen Magen- und Darmprobleme.

Farnkraut-Tinktur – hilft bei Gliederreißen, Hexenschuss, Kopfweh, Rheumatismus und Zahnweh. Diese Tinktur wird äußerlich angewendet durch Einreiben auf die betroffene Stelle.

Nelkenwurzel-Tinktur – ist wohl das beste Mittel bei Zahnschmerzen, da es enorm schnell hilft.

Rosskastanien-Tinktur – ist eine der effektivsten venenstärkenden Tinkturen. Hier ist es empfehlenswert, die Tinktur in eine Zerstäuberflasche zu füllen und deine Beine großzügig damit zu besprühen. Lasse es kurz einziehen und du spürst schnell die heilende Kraft – auch bei angeschwollenen Beinen, Besenreisern, Ödemen, Krampfadern und Venenentzündungen.

GRUNDREZEPT – ÄTHERISCHE ÖLESSENZEN

Natürliche, ätherische Öle duften nicht nur besonders, sie wirken sich auch auf vielfältige Weise positiv auf unseren Geist und Körper aus. Zudem kannst du sie auch zur Herstellung von Balsamen, Cremes, Parfums und Salben verwenden. Doch was sind ätherische Öle überhaupt? Stark duftende Pflanzen enthalten viele ätherische Öle. Sie sind hochkonzentrierte Pflanzenessenzen, die als Nebenprodukt der Photosynthese bei den Pflanzen gespeichert werden. Diese Duftstoffe können aus Blättern, Blüten, Rinden, Schalen und Wurzeln verschiedener Pflanzen gewonnen werden. Oftmals dienen sie den Pflanzen selbst als Schutz vor Bakterien, Insektenbefall, UV-Strahlung oder Viren.

Bevor wir das nächste Kapitel mit spannenden Rezepten fortführen, möchte ich dir zunächst etwas über **Terpene** erklären, da diese für die Gewinnung von ätherischen Ölen sehr wichtig sind.

Terpene sind flüchtige organische Substanzen, aus denen aus bestimmten Pflanzen das ätherische Öl gewonnen wird. Sie gehören zu den sogenannten „sekundären" Pflanzenstoffen. Dies bedeutet, dass sie für die Pflanzen nicht überlebensnotwendig sind. Terpene bestimmen den Duft und Geschmack der Pflanzen und haben ganz individuelle heilende Eigenschaften.

Damit du ätherische Öle einfach selbst herstellen kannst, stelle ich dir nun drei verschiedene Möglichkeiten vor:

1. Die Wasserdampfdestillation

Das Prinzip ist einfach: Wasser wird zum Verdampfen gebracht und anschließend sofort wieder abgekühlt, sodass es kondensiert. Um ätherische Öle gewinnen zu können, wird besagter Wasserdampf durch das Pflanzenmaterial geleitet. Durch die aufsteigende Hitze nimmt der Wasserdampf die ätherischen, hochflüchtigen Duftmoleküle mit sich und wird durch ein Kühlsystem in einen Behälter geleitet. Hier kondensiert das Gemisch und es entsteht ein Hydrolat, auf dem sich dann in geringer Dichte das ätherische Öl als eine Art Film absetzt. Natürlich gibt es auch Ausnahmen, denn manche Öle sind schwerer als Wasser und setzen sich dann am Boden ab. Mit einer Pipette kann das Öl dann vorsichtig abgezogen werden.

Um ein reines ätherisches Öl in einer größeren Menge herstellen zu können, benötigst du eine Destille (auch bekannt als „Alquitara").

ACHTUNG: Bitte beachte, dass in Deutschland zum Eigengebrauch nur Destillen mit einer Füllmenge bis zu 2 Litern erlaubt sind, ansonsten muss der Kauf einer größeren Destille beim zuständigen Hauptzollamt angemeldet werden. Das Herstellen von Alkohol ist nur mit einem sogenannten Abfindungsbrennrecht erlaubt.

2. Die Kochtopf-Kondensationsmethode

Wenn du keine Destille besitzt, kannst du dir auch mit einem Kochtopf mit Sieb und einer kleinen Schüssel behelfen. Fülle Wasser in den Topf, schalte den Herd auf mittlere Hitze und setze das Sieb in den Topf, ohne dass es den Rand des Topfes überragt. Kräuter- bzw. Pflanzenteile werden nun in der kleinen Schüssel auf dem Sieb platziert. Sie darf dabei nicht mit dem kochenden Wasser in Berührung kommen. Den Topfdeckel setzt du verkehrt herum auf, sodass sich sein Griff über der kleinen Schüssel befindet. Der Wasserdampf fängt sich dort und tropft dann in die kleine Schüssel. Nach ca. 30-60 Minuten ist der Vorgang abgeschlossen, das ätherische Öl befindet sich zusammen mit dem Hydrolat in der kleinen Schüssel und kann von da aus mit einer Pipette abgezogen werden.

3. Die Espresso-Methode

Für kleinere Mengen bietet sich tatsächlich eine echte Espressokanne an, die du noch auf die Herdplatte stellst. Fülle den unteren Teil der Kanne mit dem Wasser und gebe die kleingeschnittenen Pflanzenteile in das Sieb, in dem normalerweise das Espressopulver seinen Platz findet. Arbeite auch hier bitte mit mittlerer Hitze. Das Hydrolat nebst dem Öl wird sich dann im Laufe des Vorganges im oberen Teil der Kanne absetzen.

Generell ist zu beachten, dass du bei der Herstellung viel Feingefühl und Geduld mitbringst. Bei der Destille ist auch der Druck sehr wichtig, daher achte bitte darauf, dass kein Wasserdampf an ungewünschten Stellen austreten kann, und halte dich vor allen Dingen an die Bedienungsanleitung des jeweiligen Gerätes. Du brauchst etwas Zeit, solltest den Vorgang trotzdem zügig durchführen, da die wertvollen Wirkstoffe der Pflanzen zerstört werden können, wenn sie der Hitze länger als nötig ausgesetzt sind.

Das gewonnene Öl sollte möglichst kühl und lichtgeschützt aufbewahrt werden, da Lichteinfall und Wärme das Öl dazu bringen könnten, schneller mit Sauerstoff zu reagieren (Oxidation). In diesem Fall würde das Öl schnell ranzig werden. Daher fülle das ätherische Öl am besten in ein dunkles Glasfläschchen und stelle es z. B. in den Keller oder die Vorratskammer.

Folgende Pflanzen sind zur Herstellung von ätherischen Ölen besonders gut geeignet und können mit den obengenannten Methoden hergestellt werden:

Lavendelblüten-Öl – hat eine entzündungshemmende und antibakterielle Wirkung. Es beruhigt uns und schenkt uns Linderung bei Nervosität und Schlaflosigkeit. Bei Insektenstichen hilft es gegen den Juckreiz. Es schützt vor Herz-Kreislauf-Erkrankungen und stärkt unser Immunsystem.

Oregano-Öl – wird aus den Blättern extrahiert. Es ist reich an Antioxidantien und schützt somit vor den sogenannten „freien Radikalen" (instabile Sauerstoffmoleküle bzw. Stoffwechselprodukte, die dem Körper nicht guttun). Es wirkt als natürliches Antibiotikum stark antibakteriell und entzündungshemmend, vor allem bei entzündlichen Hautproblemen wie Akne. Zudem ist es durchblutungsfördernd.

Ringelblumen-Öl – wirkt antioxidativ, beruhigend, entzündungshemmend und fördert den natürlichen Heilungsprozess der Haut. Das Öl regt in Wunden die Bildung von neuen Blutgefäßen und neuem Bindegewebe an. Es pflegt, wie auch die bekannte Calendula-Salbe, rissige Haut und schenkt ihr Feuchtigkeit. Wenn du das Öl auf deinen Haaren anwendest, kann es Spliss vorbeugen.

Rosen-Öl – ist anregend und aphrodisierend und wirkt sich positiv auf die Stimmung aus. Es steckt voller Antioxidantien, die die freien Radikale abhalten, und es soll bei Schlafstörungen beruhigend wirken. Zudem besitzt es eine antiseptische Wirkung. Durch seinen hohen Gehalt an ungesättigten Fettsäuren pflegt das Rosen-Öl besonders empfindliche, reife und trockene Haut.

Rosmarin-Öl – eignet sich aufgrund des würzigen Duftes bei geistiger Erschöpfung und bei Konzentrationsschwäche. Es wirkt antibakteriell, antimykotisch, antiseptisch, antiviral und entzündungshemmend und eignet sich zur Behandlung von Akne, Ekzemen und Fußpilz sowie bei Entzündungen der Haut und der Schleimhäute. Dieses Öl fördert die Durchblutung und stärkt das Immunsystem.

Teebaum-Öl – hilft uns bei Erkältung, unsere Atemwege zu befreien. Es hilft bei Entzündungen und Hautproblemen und schafft mit 1 Tropfen im Zahnputzwasser beim Gurgeln einen frischen Atem. Teebaum-Öl hat eine wundheilende, antibakterielle und pilzvernichtende Wirkung, sodass es auch bei Fußpilz angewendet werden kann.

ACHTUNG: Teebaum-Öl bitte keinesfalls bei Katzen anwenden, da es bei diesen Vergiftungen hervorrufen kann!

Zitronenmelisse-Öl – wird aus den Blättern gewonnen. Es kann zur Behandlung von Herpes eingesetzt werden und wirkt effektiv gegen Bakterien, Pilze und Vieren. Diesem Öl wird nachgesagt, dass es die Gedächtnisleistung steigern kann. Es wirkt angstlösend sowie beruhigend und hilft bei Verdauungsproblemen.

Solltest du dich mehr dafür interessieren, Kräuterwirkstoffe ohne Hitze in das Öl zu übertragen, ist der sogenannte „**kalten Ölauszug**" angebracht. Im weiteren Verlauf des Ratgebers findest du ein Beispiel (siehe Johanniskraut-Öl), wie du hier am besten vorgehst. In jedem Fall ist es eine sehr schonende Vorgehensweise, allerdings dauert sie mehrere Wochen und es besteht die Gefahr, dass frische Kräuter dann schnell zu schimmeln anfangen oder gären.

Nachfolgend findest du drei weitere Rezepte, deren Herstellung von den bereits erwähnten Methoden abweichen.

Arnika-Massageöl

Ein weiteres, sehr einfach herzustellendes Rezept ist das Arnika-Massageöl. Du benötigst hierfür:

1 großes Schraubglas
3 Handvoll Arnikablüten
ca. 300 ml Jojobaöl (wahlweise natives Olivenöl)

Zubereitung

Fülle das Schraubglas zur Hälfte mit Arnikablüten und gieße dann das Jojobaöl hinzu, sodass die Blüten gut bedeckt sind. Verschließe das Glas gut und lasse es einen Monat lang an einem dunklen, kühlen Ort stehen. Bitte denke daran, das Glas täglich zu schütteln. Nach der Ruhezeit wird die Mischung gefiltert und du kannst sie in ein gut verschließbares, möglichst dunkles Gefäß füllen und kühl aufbewahren.

Arnika wirkt in hohem Maße durchblutungsfördernd, entzündungshemmend, schmerzstillend und zellschützend. Eine Massage mit diesem Arnika-Öl wirkt wohltuend bei Gelenkschmerzen, Muskelkater und bei Verspannungen. Für innerliche Anwendungen kannst du Globuli verwenden, wenn du z. B. Entzündungen in deinem Körper hast.

Johanniskraut-Öl

Ein weiteres, beliebtes Öl ist das Johanniskraut-Öl. Es ist vielen auch als „Rotöl" bekannt und wird ebenfalls aus den Blüten der Pflanze hergestellt. Die getüpfelten Blüten findest du zwischen Juni und August. Die hellen Pünktchen des echten Johanniskrauts sind übrigens die Öldrüsen. Der rote Saft (Hypericin – ein Antidepressivum) ist die Basis für das Johanniskraut-Öl.

Zutaten:
50 g frische Johanniskrautblüten und -blätter
ein Leinentuch oder Küchenpapier
ein Löffel oder Mörser
1 Schraubglas mit Decke
ca. 200 ml geruchsfreies Pflanzenöl (z. B. Weizenkeimöl)

Zubereitung:
Zunächst streife die Blüten und Blätter von den Stängeln ab und verteile sie auf dem Tuch. Dann durchsuche sie nach kleinen Tierchen und schenke ihnen die Freiheit. Danach kannst du das Hypericin entweder im Mörser vorab auspressen oder später direkt im Glas unter Zuhilfenahme eines Löffels. Fülle nun Blüten und Blätter mit dem Hypericin in das Schraubglas. Gieße alles mit dem Öl auf, bis es vollständig bedeckt ist. Nun stellst du das Glas für sechs bis acht Wochen in die Sonne und lässt es dort ziehen; schüttele es dabei gelegentlich. Nach der Ruhezeit kannst du das rote Öl nun abseihen und bei Zimmertemperatur in einer dunklen Flasche lagern.

Verwenden kannst du dieses Öl bei Angstzuständen, depressiven Verstimmungen, Kopfschmerzen, Magenproblemen, Migräne, Schlafstörungen, Stress und Unruhe. Sein Wirkstoff ist zudem antibakteriell, antioxidativ und entzündungshemmend, daher unterstützt es auch sehr gut die Wundheilung (z. B. bei Sonnenbrand oder zur Behandlung von Narben). Bei innerlicher Anwendung sollten die Tropfen mindestens für 4 Wochen eingenommen werden.

Gänseblümchen-Öl

Hierfür benötigst du ca. 2 Handvoll frisch gepflückte Gänseblümchen oder getrocknete Blüten aus deinem Jahresvorrat, neutrales Öl (z. B. Distelöl) oder ein Mandelöl, das bereits einen eigenen Duft besitzt. Natürlich darf auch hier ein großes (Weck-) Glas nicht fehlen sowie ein Topf mit Wasser für das Wasserbad und ein Leinentuch oder ein Nussmilchbeutel zum Abseihen.

Zubereitung

Gib die Gänseblümchen in das Glas und gieße es so weit mit Öl auf, bis alle Pflanzenteile bedeckt sind. Dann erhitze das Glas bei 40 °C schonend im Wasserbad und lasse das Gemisch für 2 Stunden darin ziehen. Im Anschluss sollte das Ölgemisch für 3-4 Tage verschlossen an einem dunklen Ort weiterhin ziehen. Danach musst du das Öl nur noch durch einen Nussmilchbeutel abseihen und in eine dunkle Flasche abfüllen.

Es gibt auch eine einfachere, zweite Variante, bei der du das Wasserbad auslässt. In diesem Fall sollte das Gemisch jedoch mindestens 4 Wochen an einem dunklen Ort ziehen und zwischendurch geschüttelt werden.

Das Gänseblümchen-Öl wirkt, äußerlich aufgetragen, bei kleinen (Schnitt-) Wunden und Quetschungen. Es bringt schnelle Schmerzlinderung. Die in dem Öl enthaltenen Bitter- und Gerbstoffe machen die Haut geschmeidiger und können durch regelmäßiges Einmassieren Schwangerschaftsstreifen vorbeugen.

ELIXIERE & TROPFEN

Selbstverständlich kannst du auch in Form von Elixieren mit Kräutern, Pflanzen und Wurzeln heilen. **Das Grundrezept für Elixiere** ist ausgesprochen einfach: Hierfür werden ein alkoholischer Auszug (**Tinktur**), Zuckersirup und – je nach Produkt – noch Wein oder andere Flüssigkeiten (wie z. B. **Öle**) hinzugemischt.

Wie du Tinkturen und Öle selbst herstellen kannst, habe ich bereits erläutert. Daher kommen wir nun direkt zum **Zuckersirup**. Dieser besteht zu 36 % aus Wasser und zu 64 % aus Zucker. Am besten kochst du den Sirup in einer Pfanne mit einem dicken, festen Boden, damit er dir nicht anbrennt. Zu einem Liter Wasser fügst du 2 g Zitronensäure hinzu, erhitzt diese und fügst während des Rührvorgangs 1,8 kg Kristallzucker hinzu. Halte den Sirup einige Minuten am Kochen und schöpfe möglichst viel Schaum ab. Danach wird der fertige, noch heiße Sirup in vorgewärmte Flaschen abgefüllt und gut verschlossen. Lass ihn am besten bei Raumtemperatur langsam abkühlen, damit die Glasflasche nicht zerspringt.

Wenn du deinen Zuckersirup fertiggestellt hast, kannst du nun alle 3 Komponenten miteinander vermischen, um dein gewünschtes Elixier zu erhalten.

Du nimmst **2 bis 3 Teile deiner Tinktur**. Vermenge dann **einige Tropfen eines ätherischen Öls** deiner Wahl mit ein wenig Alkohol (80 % Vol. oder mehr) und füge es der Tinktur bei. Würdest du das Öl direkt hinzugeben, würde es oben schwimmen und könnte sich nicht optimal mit der Flüssigkeit verbinden.

Falls du keinen hochprozentigen Alkohol zuhause hast, kannst du dir auch mit einer Honigemulsion behelfen: Dafür wird das ätherische Öl mit ein wenig flüssigem Honig gut verrührt, dann zuerst mit ein wenig der Tinktur verdünnt und zum Schluss wird die restliche Tinktur untergemischt.

Im Anschluss gibst du für den Geschmack **1 Teil Zuckersirup** hinzu sowie **1-3 Teile Wasser** (oder Gewürz- oder Kräuteraufguss). Das Wasser sollte in jedem Fall abgekocht werden und dann gut abgekühlt sein, bevor du es mit der Tinktur vermischst. Je nach Gusto kannst du auch noch etwas Rot- oder Weißwein beimischen, das bringt einen gewissen Säuregehalt in dein Elixier. In jedem Fall solltest du darauf achten, dass der Alkoholgehalt mindestens 20 % Vol. beträgt. Je höher der Alkoholgehalt ist, desto länger wirst du das Elixier aufbewahren können.

Auf dem Markt oder im Internet gibt es eine Vielzahl an Alkoholmetern, die den kompletten Messbereich von 0 bis 100 % Vol. abdecken können. Auch wenn sie nicht 100-prozentig anzeigen sollten, sind sie doch eine gute Unterstützung und eine gute Ergänzung für deine Hexenküche.

Wenn wir in der grünen Magie von „**Tränken**" sprechen, ist in der Regel von „**Tropfen**" oder auch Tees die Rede. Bei den Tropfen meinen wir vor allem die heilsamen Bitterkräuter-Tropfen, wie sie einst auch Hildegard von Bingen herstellte. Doch wo liegt der Unterschied zwischen Tinkturen und Tropfen? Während Tinkturen immer mit einem alkoholischen Auszug hergestellt werden und eher äußerliche Anwendung auf der Haut finden, haben Tropfen auch schon mal Wasser als Auszugsmittel und sind zum Einnehmen vorgesehen (innerliche Anwendung).

Für unseren gesamten Organismus, aber vor allem für den Stoffwechsel und die Verdauung ist es ausgesprochen wichtig, Bitterstoffe in unseren Speiseplan aufzunehmen. Sie dienen als Appetithemmer, helfen jedoch auch, die Bauchspeicheldrüse, Galle, Leber und die Magensäfte anzuregen. Hierfür werden einige Tropfen direkt auf die Zunge geträufelt. Aber hab keine Sorge: Diese „Bitterkräuter-Tropfen" sind nicht wirklich bitter, sondern schmecken sehr stark nach Kräutern. Nachfolgend findest du nun wieder einige Beispiele, wie du Kräutertropfen selbst herstellen kannst.

Kräutertropfen

Zutaten
Ingwerwurzel (Größe einer kleinen Faust), in Scheiben geschnitten
Fenchelsamen, vorab etwas im Mörser anstoßen zum Lösen der Wirkstoffe
Löwenzahnwurzel (oder wahlweise Kalmus), in kleine Stücke geschnitten
Minzblätter, frisch oder getrocknet (wahlweise Pfefferminze)
1 Flasche Doppelkorn (0,75 Liter)
1 Kaffeefilter oder Nussmilchbeutel

Zubereitung
Von den Kräutern nimmst du jeweils ungefähr die gleiche Menge (ca. 1 Handvoll) und gibst diese in ein großes, bauchiges Glas. Dann füllst du alles mit dem Doppelkorn auf, bis die Kräuter vollständig bedeckt sind. Verschließe das Glas sorgfältig und beschrifte es entsprechend, inklusive Datum des Ansetzens.

Die Mischung lässt du nun für 2-6 Wochen an einem warmen Ort ziehen und schüttelst sie täglich einmal gut durch. Nach der Wirkzeit kannst du die Tropfen dann abfiltern. Anschließend kannst du sie in eine dunkle Flasche abfüllen und diese dann ebenfalls beschriften.

Die Tropfen helfen bei verschiedenen Arten von Verdauungsbeschwerden, wie z. B. Blähungen, Darmträgheit, Übelkeit und Völlegefühl. Nimm bei Bedarf erst einmal nur 10 Tropfen. Wenn diese nicht ausreichen sollten, erhöhe einfach langsam, bis es für dich stimmt. Mehr als 50 Tropfen sollten es jedoch nicht sein. Die Tropfen sind mindestens 1 Jahr haltbar.

Selbstverständlich kannst du das obige Rezept entsprechend deinen Wünschen und Befindlichkeiten noch abändern. Die jeweiligen Wirkungsweisen der Heilkräuter entnimmst du einfach den Angaben aus dem Kapitel „Kräuter von A-Z“. Eine gute Alternative sind beispielsweise **Balsam-Fenchel-Kräutertropfen.** Diese helfen bei Erschöpfungszuständen, schwachen Nerven, Nervosität und zerstreuten Gedanken. Hier wird eine tägliche Einnahme von 3 x 50 Tropfen pur oder verdünnt in Wasser bzw. abgekühltem Tee empfohlen, bis die Beschwerden merklich zurückgegangen sind.

Magenbitter aus Tausendgüldenkraut

Zutaten

3 Flaschen Schnaps (Doppelkorn)
6 g Pfefferminze, getrocknet
6 g Salbei, getrocknet
6 g Schafgarbe, getrocknet
6 St. Sternanis
6 g Angelikawurzel, getrocknet
3 g Koriander (Kapseln)
3 g Kardamom (Kapseln)
9 g Fenchel (Samen)
6 g Tausendgüldenkraut, getrocknet
9 g Kümmel
10 St. Gewürznelken
1 Bio-Orange, unbehandelt – davon die Schale
1 Bio-Zitrone, unbehandelt – davon die Schale
1 St. Ingwer, walnussgroß
160 g Kandiszucker, braun
9 g Anis
1 großes Glas, ein Filter und dunkle Flaschen

Zubereitung

Das Aufwendigste bei diesem Rezept ist tatsächlich die Beschaffung sämtlicher Zutaten. Wenn du diese erst einmal beisammen hast, ist der Rest ganz einfach. Gib alle Zutaten in ein großes Einmachglas, der Alkohol sollte dabei alle Zutaten bedecken. Dann lasse das Glas an einem warmen Ort (z. B. auf der Fensterbank über der Heizung) ca. 4-6 Wochen ziehen. Anschließend filterst du das Ganze und füllst es in die ausgekochten Flaschen ab. Vergiss nicht, sie zu beschriften.

SALBEN

Zunächst beginnen wir mit den Grundlagen für das Herstellen von Salben. Hier ist die Sauberkeit das Wichtigste. Sowohl deine Hände als auch die Arbeitsfläche und alle Geräte und Behältnisse müssen möglichst heiß ausgewaschen sein. Es dürfen sich auch keine Spülmittelreste mehr daran befinden, sonst schimmelt die Salbe schnell. Zu Beginn halte dich besser an die Mengenangaben. Im Laufe der Jahre wirst du dann genügend eigene Erfahrungen gesammelt haben und deine Salben und Cremes nach Augenmaß mischen können. Zum Abmessen brauchst du folgende Utensilien:

- Diabetiker-Waage (wenn möglich, ansonsten eine herkömmliche Waage)
- Messbecher, ca. 20 ml
- Messbecher, ca. 100 ml
- Esslöffel (2 ml / 2 g)

Erhitzen kannst du die Bestandteile für deine Salben in hitzefesten Spezialgläsern oder du entscheidest dich für Marmeladengläser. Achte bitte unbedingt darauf, dass die Deckel nicht beschädigt sind! Salben bestehen übrigens ausschließlich aus fetten oder fettverträglichen Anteilen. Sie benötigen keinen Emulgator. Zur Grundausstattung gehören zusätzlich zu den obenerwähnten Mess-Hilfsmitteln noch ein paar saubere Gläser und Gefäße für deine Salben.

Folgende Grundsubstanzen brauchst du für die Herstellung:

Öle = Distelöl oder Mandelöl, für Heilsalben Jojobaöl oder Olivenöl

Konsistenzgeber = fettlösliche Verdickungsmittel wie Bienenwachs Cetylalkohol, Kakaobutter, Lanolin (Wollwachs) oder Sheabutter

Substanzen (die wichtigste Zutat deiner Salben!) wie ätherische Öle für den Duft und die Heilwirkung, Kräuteröle, Tinkturen, Teebaumöl für die Konservierung und Heilwirkung

Emulgatoren (nur bei der Herstellung von Cremes) = Eucerin, Lanolin oder Wollwachsalkohole; sie sind in der Lage, Fett- und Wassermoleküle zu verbinden; sie machen den Unterschied zwischen Cremes und Salben aus

Wasser, destilliertes oder stilles Mineralwasser – wird ebenfalls nur zum Herstellen von Cremes benötigt

Bienenwachs-Salbe (Grundrezept)

Zutaten
100 ml Pflanzenöl
6 g Bienenwachs
einige Tropfen eines ätherischen Öls deiner Wahl

Zubereitung
Gib das Bienenwachs und das Öl in ein hitzefestes Glas und erwärme beides langsam bei 60 °C, sodass das Wachs zu schmelzen beginnt. Rühre ab und zu mit einem sauberen Löffel um, damit sich die Hitze besser verteilt. Sobald das Bienenwachs geschmolzen ist, nimmst du das Glas vorsichtig aus dem Wasserbad heraus und fügst nun ein ätherisches Öl hinzu und verrührst es gleichmäßig. Danach füllst du die Salbe in einen Tiegel. Dort lässt du sie dann abkühlen und aushärten. Nach ca. 6 Stunden sollte die Salbe fest geworden sein und du kannst sie benutzen. Die Salbe hält ca. 1 Jahr.

Kräutersalben
Wie der Name bereits verrät, kannst du in deine Salben auch Heilkräuter einarbeiten. Ich bevorzuge jedoch frische Kräuter, du kannst aber auch getrocknete verwenden. Bei der Herstellung werden die jeweiligen fettlöslichen Wirkstoffe aus den Kräutern dann in die Salbe übertragen und du kannst deine Salbe entsprechend einsetzen. Die jeweiligen Heilwirkungen entnimmst du bitte wieder dem Kapitel „Kräuterkunde von A-Z“.

Arnika-Salbe

Zutaten

100 ml Pflanzenöl (Argan-, Jojoba-, Mandel- oder Sonnenblumenöl)
eine Handvoll Arnikablüten
7-8 g Bienenwachs
optional ein paar Tropfen Tocopherol (Vitamin-E-Öl)
Schraubgläser oder Tiegel
Mulltuch oder Nussmilchbeutel

Tipp: Für eine vegane Variante verwende Kokosöl für den Arnika-Auszug, dann benötigst du für eine geschmeidige Konsistenz kein Wachs. Alternativ kannst du Bienenwachs auch durch Carnaubawachs (auch bekannt als Brasilianisches Wachs oder Cearawachs) ersetzen, dann benötigst du sogar nur ca. 3-4 g. Am besten machst du einfach eine Konsistenzprobe, bevor du deine Salbe abfüllst.

Zubereitung

Für den Arnika-Ölauszug gib das Pflanzenöl (und ggf. Tocopherol) sowie die Blüten in ein hitzebeständiges Glas und lasse es bei schwacher Hitze im Wasserbad für ca. 2 Stunden in einem Topf ziehen. Das Wasser darf nicht kochen! Passiere deinen Ölauszug im Anschluss durch ein Mulltuch und fange es in einem zweiten hitzebeständigen Glas auf.

Stelle nun das Glas mit deinem Ölauszug erneut in das Wasserbad und füge das Bienenwachs hinzu. Erwärme es langsam bei geringer Hitze, bis das Wachs vollständig aufgelöst ist. Zwischendurch rühre es ab und zu mit einem sauberen Löffel um. Um die Konsistenz der Salbe zu prüfen, gib ein paar Tropfen auf einen Teller und lasse sie erkalten. Nun kannst du entscheiden, ob du für mehr Härte mehr Wachs hinzugeben möchtest oder für eine cremigere Konsistenz mehr Öl.

Fülle deine fertige Salbe dann in desinfizierte Gläser oder Tiegel ab und lasse sie erst einmal ohne Deckel erkalten. Wenn sie fest geworden ist, schließe das Behältnis sorgfältig, beschrifte es und achte darauf, dass es vor direkter Sonneneinstrahlung geschützt ist. Die Arnika-Salbe ist ca. 1 Jahr haltbar bzw. maximal so lange, wie das verwendete Pflanzenöl haltbar ist.

Generell solltest du die Salbe mit sauberen Händen oder einem Spatel entnehmen. Anwenden kannst du sie bei äußerlichen Verletzungen. Arnika ist besonders für seine heilende und schmerzlindernde Wirkung bekannt. Die Salbe lässt sich sehr gut bei Blutergüssen, Entzündungen, Muskel- und Gelenkschmerzen, Prellungen und Quetschungen einsetzen.

Beinwell-Salbe

Um Beinwell-Salbe herzustellen, benötigst du zuerst einen Ölauszug. Die Anleitung dazu findest du weiter oben im Kapitel „Ätherische Öle herstellen".

Zutaten für die Salbe

100 ml Beinwell-Öl
12-15 g Bienenwachs
optional 5 Tropfen ätherisches Weihrauch-Öl
ein kleiner Topf
ein Glas
Langer Löffel
Schraubgläser oder Tiegel

Zubereitung

Fülle das Beinwell-Öl in ein hitzebeständiges Gefäß (Glas) und erwärme es langsam im Wasserbad. Füge das Bienenwachs hinzu und rühre es ein, bis es sich vollständig aufgelöst hat. Die Konsistenz kannst du genauso überprüfen und entsprechend verändern, wie bei der Arnika-Salbe bereits erläutert. Optional füge noch einige Tropfen Weihrauch hinzu. Fülle alles in desinfizierte Tiegel und lasse die Salbe erkalten. Danach verschließt du die Tiegel sorgfältig und beschriftest sie entsprechend (auch mit dem Datum der Erstellung). Um die Salbe nicht zu verunreinigen, verwende einen Spatel. Diese Salbe sollte kühl gelagert werden und hält sich ca. 6 Monate.

Die Beinwell-Salbe wirkt entzündungshemmend und wundheilend. Sie unterstützt dabei, blaue Flecken schneller heilen zu lassen, und sorgt dafür, dass Wunden sich gar nicht erst entzünden.

Du kannst sie bei Gelenk- und Muskelschmerzen nutzen (vor allem an den Beinen und am Rücken!), aber auch bei Behandlungen von Knochenbrüchen oder bei Prellungen. Das Weihrauch-Öl ist übrigens ebenfalls entzündungshemmend. Es fördert die Wundheilung und kann so die Wirkung der Beinwellsalbe noch verstärken.

ACHTUNG: Wenn du Beinwell sammelst, achte darauf, dass du immer ein Stück des Wurzelstockes in der Erde belässt. Auf diese Weise kann die Pflanze nachwachsen und ihr Bestand wird nicht gefährdet.

Calendula-Salbe

Für die Herstellung von 30 g Calendula-Salbe brauchst du 20 g Ringelblumen-Auszugsöl. Die Anleitung dazu findest du ebenfalls oben im Kapitel „Ätherische Öle herstellen“.

Zutaten für die Salbe

20 g Ringelblumen-Öl
4 g Kakaobutter
4 g Bienenwachs
1 größerer Topf für das Wasserbad
2 sterile Gläser
Kleine Gläser oder Tiegel

Zubereitung

Zuerst gib die Kakaobutter und das Bienenwachs in ein Glas und lasse es bei geringer Wärmezufuhr langsam im Wasserbad schmelzen. Rühre zwischendurch um, bis sich alles aufgelöst hat. Dann lasse die Mischung etwas abkühlen.

Das Ringelblumen-Öl erwärmst du in einem separaten Glas ebenfalls im Wasserbad auf ca. 30 °C. Dann rühre es unter die Kakaobutter-Wachs-Mischung, bis eine einheitliche Masse entsteht. Fülle nun die fertige Salbe in desinfizierte Gläser oder Tiegel und lasse sie vollständig auskühlen. Anschließend verschließe sie sorgfältig und beschrifte sie entsprechend.

Der Wirkstoff von Calendula (Ringelblume) ist antibakteriell, entzündungshemmend, krampf- und schmerzlindernd. Er regt die Durchblutung und den Kreislauf an und hilft bei aufgeschürften Ellenbogen, Händen und Knien sowie bei Brand- und Schnittwunden. Die Salbe unterstützt die Regenerierung der Haut, hält sie geschmeidig und verhindert, dass sich in der Wunde Keime vermehren können. Sie beschleunigt die Heilung und hilft zudem bei Akne, Ausschlägen, Ekzemen, Furunkeln, trockener Haut und bei Quetschungen. Ringelblumen-Tee oder -Tinktur kann Magen- und Darmbeschwerden lindern.

Kamillensalbe

Für 200 ml Ölauszug benötigst du in diesem Fall
220 ml Pflanzenöl
eine Handvoll Kamillenblüten

Das Grundrezept zur Erstellung des Ölauszuges findest du weiter oben unter „Ätherische Öle herstellen".

Zutaten für die Kräutersalbe
100 ml Kamillenöl (ca. 25 TL)
6 g Bienenwachs (ca. 1,5 TL) oder wahlweise 5 g Bienenwachs + 1 g Lanolin (dann wird die Salbe etwas cremiger, lässt sich leichter auftragen und zusätzlich hat Lanolin eine hautheilende Wirkung)

Zubereitung
Stelle zunächst das Kamillenöl (wie oben angegeben) her. Dann erwärme das Bienenwachs im Wasserbad und gib das Öl hinzu (das Pflanzenöl aus dem Grundrezept benötigst du in diesem Fall nicht). Sobald alles geschmolzen ist, kannst du die Salbe in eine gut verschließbare Dose abfüllen. Lass die Salbe für mindestens 6 Stunden aushärten.

Kamille hat beruhigende und zugleich auch hautheilende Eigenschaften. Du kannst sie z. B. für Ekzeme und Hautentzündungen verwenden oder wenn dein Nachwuchs einen wunden Po haben sollte. Die Haltbarkeitsdauer beträgt ca. 1 Jahr.

Rosskastanien-Salbe

Der wichtigste Bestandteil für diese Salbe ist eine Rosskastanien-Tinktur. Wie du diese einfach selbst herstellen kannst, wurde ja bereits weiter oben beschrieben.

Zutaten

30 ml Bio-Distelöl oder Bio-Olivenöl
35 ml Rosskastanien-Tinktur
15 g Lanolin (Wollwachs)
4 g Bio-Bienenwachs
ein paar Tropfen ätherisches Öl (z. B. Fichtennadel- oder Wacholderbeeren-Öl)

Zubereitung

Zuerst stelle zwei hitzebeständige Gefäße für ein Wasserbad bereit. Rühre das Öl, das Bienenwachs und das Lanolin in einem Gefäß zusammen und erhitze alles langsam im Wasserbad, bis alles geschmolzen ist. Dabei sollte das Gemisch auf keinen Fall die Temperatur von 60 °C überschreiten.

In einem 2. Gefäß erhitzt du die Rosskastanien-Tinktur, ebenfalls auf 60 °C, und gießt sie unter ständigem Rühren vorsichtig in das Öl-Wachs-Gemisch. Rühre weiter, bis die Creme langsam abgekühlt ist. Wenn sie nur noch handwarm ist, füge ein paar Tropfen des ätherischen Öls hinzu und rühre weiter. Das ätherische Öl dient übrigens dazu, die Durchblutung anzuregen. Wenn du dies nicht wünschst, kannst du es auch einfach weglassen. Nun ist deine Creme fertig und du kannst sie in eine desinfizierte Cremedose oder in ein Glas abfüllen. Lass sie dort noch etwas aushärten, bevor du sie verschließt und beschriftest. Am besten bewahrst du diese Salbe im Kühlschrank auf. Haltbar ist sie ca. 6 Monate.

Auf die Beine aufgetragen oder sanft einmassiert, hilft die Rosskastaniensalbe gegen Venenleiden, geschwollene, schwere oder schmerzende Beine, bei Juckreiz, Krampfadern und Wadenkrämpfen. Die in der Creme enthaltenen Saponine wirken übrigens entwässernd, entzündungshemmend, gefäßabdichtend und venenstärkend. Die Blutzirkulation wird dadurch angeregt und Schwellungen klingen ab.

KAMILLE – EIN KAPITEL FÜR SICH!

Kamille ist tatsächlich vielseitig einsetzbar, so dass es ein eigenes Kapitel verdient! Sein Hauptwirkstoff **Bisabolol** wirkt stark entzündungshemmend und beruhigt die Haut. Bei Juckreiz sorgt es für Linderung. Der Vorteil ist, dass bei Kamille ausschließlich a-Bisabolol vorkommt, welches biologisch besonders wirksam ist und auch für empfindliche Menschen geeignet ist, da diese Substanz aus dem Kamillenextrakt isoliert werden kann. Weiterhin befinden sich in diesem Kraut Chamazulen und Flavonoide, die ebenfalls eine wichtige Rolle spielen.

Das **Chamazulen** entsteht während der Herstellung von Kamillenöl (bei der Wasserdampfdestillation) und gibt diesem die spezielle tiefblaue Farbe. Chamazulen hat eine antibakterielle und entzündungshemmende Wirkung.

Für heilerische Zwecke werden lediglich die Kamillenblüten genutzt. Je nach Beschwerdebild kann sie sowohl innerlich als auch äußerlich angewendet werden und ist auch für empfindliche Menschen geeignet, da die Pflanze nur selten reizend wirkt.

Aufgrund ihrer Eigenschaften kann Kamille bei Blähungen, Magenschleimhautreizung oder Gastritis (Magenschleimhautentzündung) verabreicht werden. Hierfür eignet sich am besten ein starker **Kamillentee**, der am besten mit getrockneten Kamillenblüten zubereitet und auf nüchternem Magen getrunken wird.

Auch eine **Rollkur** empfiehlt sich mit einem sehr starken Kamillentee. Auch hier trinkt man ihn auf nüchternem Magen und legt sich danach abwechselnd in die Bauch-, Rücken- und Seitenlage. Dabei verweilt man in jeder Stellung für einige Minuten, so verteilt sich die Flüssigkeit gleichmäßig im Magenraum und die gesamte Schleimhaut kann von er beruhigenden, entzündungshemmenden Wirkung profitieren.

Ist die Mundschleimhaut entzündet, kann Kamille mit ihren antibakteriellen Eigenschaften ebenfalls schnell helfen. Hier wird in der Regel **Kamillenöl** eingesetzt, da dessen wundheilende Fähigkeit dafür sorgt, Entzündungen in der Mundhöhle und auch am Zahnfleisch zu begrenzen oder sogar ganz zu heilen. Hierfür werden ein paar Tropfen des Kamillenöls in ein Glas Wasser gegeben und es wird ausgiebig gegurgelt. Bei Erkältungsbeschwerden wie Halsschmerzen, Infektionen oder Entzündungen der Schleimhäute wird eine **Gurgellösung** ebenfalls für Linderung sorgen. Auch eignet sich Kamille zur **Inhalation** bei Husten und Schnupfen, da sie den Schleim löst. Entweder werden die Blüten dafür in einen großen Topf mit kochendem Wasser gegeben oder ein paar Tropfen des ätherischen Öls.

Um die Nase vollends frei zu bekommen, kann zusätzlich ein Tropfen Minzöl in das heiße Wasser gegeben werden. Für eine effektivere Wirkung legt man ein Handtuch über den Kopf, damit der heilende Dampf nicht entweichen kann. Kamille kann natürlich auch im Zusammenhang mit einem speziellen Inhalationsgerät genutzt werden. Unabhängig von irgendwelchen Befindlichkeiten ist dies auch sehr gut als Gesichtsdampfbad geeignet. Es öffnet die Poren und die Inhaltsstoffe der Kamille können optimal auf die Haut einwirken.

Auch bei einer Infektion im Anal- oder Genitalbereich zeigt Kamille in Form von **Sitzbädern** und **Spülungen** mit **Kamillenextrakt** ebenfalls eine hervorragende Wirkung.

In der **Aromatherapie** wird Kamillenöl für die Psyche eingesetzt, da es Stress entgegenwirkt. Sein angenehmer Duft schenkt bei nervöser Anspannung und innerer Unruhe die notwendige Beruhigung und Entspannung. Einige Tropfen des Öls können auch ganz einfach auf einen Duftstein geträufelt oder in einen Aroma-Diffuser gegeben werden. Auf diese Weise kann sich der Duft im ganzen Raum verteilen und mögliche Verspannungen lösen.

Kamille eignet sich auch hervorragend als **Aufheller von Haaren** und wirkt dabei schonend auf die Haare und die Kopfhaut. Dafür wird einfach ein halber Liter Wasser mit fünf Beuteln Kamillentee aufgekocht. Dann lässt man den Tee auf Zimmertemperatur abkühlen, danach kann er sofort in die Haare einmassiert werden. Mit einem Kamm wird der Tee gleichmäßig in den Haaren verteilt. Ausgewaschen werden muss der Kamillentee im Anschluss nicht. Der Vorgang sollte mehrmals wöchentlich wiederholt werden, um einen sichtbaren Effekt zu erzielen.

Zu guter Letzt kann Kamille als Extrakt und Öl auch für verschiedene **Hautpflegeprodukte** verwendet werden. Du findest sie in Badezusätzen, Cremes, Essenzen, Gesichtsmasken, Körperölen, Lotionen, Reinigungsprodukten und Seren, da es sehr gut verträglich ist. Die Herstellung solcher Produkte ist sehr einfach, daher stelle ich dir nun zwei Rezepte vor, die du ganz leicht nachmachen kannst:

Kamillen-Maske für trockene Haut

Koche dir eine Tasse Kamillentee und lasse diesen abkühlen. Dann nimmst du Speisequark (40 % Fettgehalt) und gibst 2-3 Esslöffel in eine Schüssel. Verrühre den Quark mit ca. 100 ml von dem abgekühlten Tee und sobald du eine homogene Masse hast, kannst du sie auf dein Gesicht auftragen und für 15 Minuten einwirken lassen. Danach spülst du dein Gesicht mit klarem Wasser ab.

Kamillen-Maske für unreine Haut
Gib 2-3 Esslöffel Heilerde in eine Schüssel und fülle sie mit Kamillentee auf, bis eine breiige Masse entsteht. Dann trägst du die Masse auf dein Gesicht auf und lässt sie so lange einwirken, bis sie angetrocknet ist (ca. 15 Minuten). Danach spülst du dein Gesicht mit lauwarmem Wasser ab.

BLÜTENESSENZEN

Nachdem wir uns bereits eingehend mit dem Herstellen von Ölessenzen befasst haben, erkläre ich dir nun, wie du auf einfache Weise Blütenessenzen selbst machen kannst, um die Energien der Pflanzen in spirituellen Essenzen einzufangen und die Kräfte der Natur dich unterstützen zu lassen.

Diese Essenzen sind etwas ganz Besonderes, da die Pflanzen durch ihre besondere Ausstrahlung, ihre Seelenkraft und Schwingung eine Botschaft für uns in sich tragen und Spuren auf unserer Seele hinterlassen, einfach dadurch, dass sie in das Wasser übergehen. Jede Blüte steht direkt mit der göttlichen Quelle in Verbindung und hat ihre ganz eigene Heilwirkung auf der feinstofflichen Ebene. Blütenessenzen sind reine Schwingungsmedizin und wirken nicht nur körperlich, sondern auch auf die Psyche. Wenn du bereits Erfahrungen mit Bachblüten gemacht hast, wirst du mir sicher zustimmen, dass sie uns tiefen Frieden schenken können und auch in unseren Herzen etwas Positives bewirken. Weitere Informationen speziell zu den Bachblüten findest du im Kapitel „Essenz der grünen Magie“.

Zutaten und Zubereitung

Die Herstellung ist sehr simpel, du brauchst nur heimische Blüten, Alkohol zum Konservieren (96 % Vol.), etwas frisches Quellwasser oder stilles Wasser, eine Glasschale, eine kleine dunkle Glasflasche, einen Korb zum Sammeln und einen sonnigen Platz (im Garten oder auf dem Balkon). In der Regel eignen sich alle Blüten, um eine Essenz herzustellen. Du kannst Kirschblüten verwenden, Huflattich, Löwenzahn, Schneeglöckchen, Vergissmeinnicht oder was dein Herz gerade begehrt.

Zunächst machst du einen schönen Spaziergang in der Natur und sammelst ein paar Blüten deiner Wahl. Um die Blüten nicht mit den eigenen Fingern zu verunreinigen, kannst du dafür ein Blatt Papier verwenden oder eine kleine Schere und sie dann in deinen Korb fallen lassen. Sobald du mit deinem Blütenschatz wieder in deine schöne Hexenküche zurückgekehrt bist, gib stilles Wasser in die Glasschale und gebe die Blüten vorsichtig hinein. Diese werden höchstwahrscheinlich erst einmal oben schwimmen, was aber völlig in Ordnung ist.

Dann stellst du die Schale für mindestens 3 Stunden in die warme Sonne. In dieser Zeit gehen die feinstofflichen Schwingungen der Blüten in das Wasser über. Danach werden die Blüten durch einen Filter abgeseiht und du gießt das reine Blütenwasser, die sogenannte „Mutteressenz“ (oder auch Uressenz oder „Stock Bottle“), bis zur Hälfte in die dunkle Glasflasche. Der Rest der Flasche wird mit hochprozentigem Alkohol aufgefüllt. Das Mischverhältnis ist also 1 zu 1. Nun schüttelst du deine Essenz vorsichtig durch und fertig ist sie. Für die weitere Verwendung gibst du 10 Tropfen deiner reinen Mutteressenz in eine Tropfflasche (50 ml Fassungsvermögen) und füllst diese entweder mit Alkohol, Essig oder Quellwasser (wenn die Essenz nicht zu lange haltbar sein muss) auf.

Zur Anwendung nimmst du 3 x täglich 5-7 Tropfen zu dir und nimmst einfach bewusst wahr, wie sich dein Gemütszustand in wenigen Tagen bereits verändert und weiterentwickeln wird. Je nachdem, welche Blüten du verwendet hast, können sie dir auch helfen, schwere Situationen besser zu meistern. Die verschiedenen Wirkungen haben wir ja bereits im großen Kapitel der Kräuterkunde behandelt.

Denke bitte daran, deine Flasche entsprechend mit Inhaltsangabe und Datum zu beschriften. Wenn du magst, kannst du zusätzlich eine Sigille deiner Wahl (ein graphisches, magisches Symbol) mit auf das Etikett zeichnen, um die Wirkung noch zu vergrößern. Falls du deine Essenz **als Aura-Spray**, also als Energie-Duftspray, für die Seele nutzen möchtest, füllst du sie am besten in eine kleine Zerstäuberflasche. Das Aura-Spray wird dann hauptsächlich über dem Kopf versprüht, dann kann es auf deinen Körper herabrieseln.

Bitte beachte, dass die Einnahmemenge der Tropfen je nach Alter unterschiedlich ist. Die nachfolgende Listung ist daher nur als eine Empfehlung zu verstehen:

- Säuglinge: maximal 4 Tropfen über den Tag verteilt
- Kinder im Alter von 2-6 Jahren: 2 x 3 Tropfen pro Tag
- Kinder über 6 Jahren: 2 x 5 oder bis zu 2 x 7 Tropfen pro Tag
- Erwachsene: 3 x 5 oder bis zu 3 x 7 Tropfen pro Tag

Verwende bei der Einnahme bitte keinen Metalllöffel. Am besten gibst du die Tropfen in ein Glas Wasser und trinkst es oder du tröpfelst dir die Blütenessenz direkt unter die Zunge. Diese Essenzen können im Übrigen auch äußerlich angewendet werden, z. B. direkt im Badewasser oder für Umschläge und Wickel.

Notfall-Blütenessenz – Hierfür nutzt du die Blüten des Storchenschnabels, der auch durch Dr. Bach für seine schnelle Heilwirkung bekannt geworden ist. Du kannst seine Essenztropfen einnehmen, wenn zum Beispiel etwas Furchtbares in deinem Leben geschehen ist, das ansonsten nicht so leicht zu überwinden ist. Er löst Schocke und Traumata. Träufele einfach ein paar Tropfen direkt unter die Zunge.

Generell ist es eine schöne Geste, den Blüten dafür zu danken, dass sie sich dafür zur Verfügung stellen, ihre heilsamen Frequenzen auf uns zu übertragen. Dieser Akt lässt dich noch ein wenig mehr in die grüne Magie eintauchen, denn mit etwas Geduld wirst du erspüren können, dass die jeweiligen Blumen selbst ebenfalls dankbar dafür sind, uns dienen zu können.

Bärlauch-Pesto

Zutaten
500 g Bärlauchblätter (am besten pflücken, bevor sie blühen)
75 g Pinienkerne
100 g Parmesan, gerieben
250 ml Olivenöl
Salz (Himalaya- oder Meersalz)
Weißer Pfeffer, frisch gemahlen

Zubereitung
Zuerst wäschst du den Bärlauch gründlich ab, trocknest ihn und schneidest ihn in Streifen. Dann röstest du die Pinienkerne, ohne Zugabe von Öl, leicht in der Pfanne an und reibst den Parmesankäse.

Fülle nun diese drei Zutaten zusammen mit ca. 200 ml Olivenöl in einen Blender und mische alles gut durch. Ein guter Pürier- oder Zauberstab tut es natürlich auch. Zum Schluss schmeckst du dein Pesto noch mit Salz und Pfeffer ab. Ist das Pesto noch zu fest, kannst du noch etwas Olivenöl dazugeben. Fülle das fertige Pesto in heiß ausgespülte, trockene Gläser und lasse im Glas noch etwas Platz frei, um zum Schutz vor Schimmel noch mit etwas Olivenöl aufzufüllen. Diese Ölschicht schließt die Oberfläche luftdicht ab. Sobald du etwas von dem Pesto entnommen hast, solltest du den Glasrand mit einem Haushaltstuch abwischen und gegebenenfalls wieder mit etwas Öl auffüllen, um Schimmelbildung vorzubeugen.

Für den Fall, dass du beim Sammeln des Bärlauchs auch seine Knospen mitgepflückt hast, habe ich ebenfalls ein sehr schmackhaftes Rezept für dich:

Bärlauch-Kapern

Zutaten
Bärlauchknospen, geschlossen
Meersalz, grob
Etwas Zucker
Pfefferkörner
Lorbeerblatt

Zubereitung
Wasche die Bärlauchknospen gründlich ab und tupfe sie vorsichtig trocken. Dann fülle sie in ein Glasgefäß und bestreue sie reichlich mit dem groben Meersalz. Verschließe dann das Glas und lasse den Inhalt mindestens 2 Tage ziehen; gelegentlich schütteln. Das Salz entzieht in dieser Zeit den Knospen die Feuchtigkeit und es wird dabei nass werden. Das ist aber vollkommen in Ordnung. Nach der Einwirkzeit schüttest du die Knospen in ein Sieb und spülst sie kurz mit kaltem Wasser ab, um sie von dem Salz zu befreien.

Nimm dir nun einen Kochtopf, gebe die Knospen hinein und fülle in den Topf Wasser und Weißweinessig im Mischungsverhältnis 1 zu 1, bis die Knospen bedeckt sind. Dann füge den Zucker hinzu (auf 50 g Knospen 1 EL Zucker) und nach Belieben Pfefferkörner und Lorbeerblätter. Das Ganze wird nun für ca. 15 Minuten bei mittlerer Hitze gekocht und anschließend noch heiß in sterile Gläser abgefüllt. Verschließe die Gläser sofort und achte darauf, dass alle Knospen mit der Flüssigkeit bedeckt sind. Durch den Kochvorgang werden die Knospen olivfarben und verlieren auch etwas an Aroma, schmecken aber vorzüglich zu allen herzhaften Gerichten oder auch einfach so auf Käsebrot.

Falls du ein Fan von Suppen bist, lass dich von dem nächsten Rezept überraschen, das ebenfalls mit Bärlauch hergestellt wird. Dieses Kraut hat, wie du inzwischen weißt, beachtliche Eigenschaften, die durch den Kochvorgang nur wenig an Wirkung verlieren.

Schnelle Bärlauchsuppe

Zutaten
150 g frische Bärlauchblätter
4 mittelgroße Kartoffeln (mehlig kochend)
750 ml Gemüsebrühe
50 ml Crème fraîche (oder alternativ eine vegane Variante)
1 EL Butter
1 große Zwiebel
Salz und Pfeffer
optional ein paar Bärlauchknospen oder Gänseblümchen als Deko

Zubereitung
Schäle die Kartoffeln und die Zwiebel und schneide sie in Würfel. Danach dünstest du die Zwiebel in einer Pfanne mit etwas Öl an. Füge nun die Kartoffeln und die Gemüsebrühe hinzu und lasse alles kochen, bis die Kartoffeln gar sind. In der Zwischenzeit schneide den Bärlauch in grobe Streifen und gib ihn dann später dazu, denn er braucht ja nicht lange zum Garwerden. Nun kannst du die Suppe mit Salz und Pfeffer abschmecken und mit Crème fraîche verfeinern. Nachdem du die Suppe auf den Tellern angerichtet hast, kannst du sie noch mit den Knospen oder Blüten dekorieren. Guten Appetit!

Eine feine **Brennnessel-Suppe** kannst du übrigens auf die gleiche Weise zubereiten, tausche lediglich den Bärlauch gegen die Brennnesseln aus und als „Topping" kannst du getrocknete Brennnesselsamen verwenden – diese sind auch sehr gesund und regen die Verdauung an.

Ansonsten findest du diese und alle weiteren, jeweiligen Heilwirkungsmöglichkeiten der hier noch vorgeschlagenen Kräuterrezepte im Kapitel „Kräuterkunde von A-Z".

Sitzbad für den Unterleib

Odermennig, u. a. auch bekannt als Ackerkraut, ist eine altbekannte Heilpflanze. Dieses Kraut wird vor allem in Form von Tee verwendet, doch kannst du dieses Kraut auch für andere Rezepte nutzen. Frauen leiden ab und an unter übermäßigem Ausfluss aus der Scheide. In solchen Fällen ist es hilfreich, wenn Frauenmantel, Odermennig und Taubnessel zu gleichen Teilen gemischt werden. Aus dieser Mischung wird zunächst ein Absud (oder auch Dekokt) hergestellt.

Absud: Hierfür werden die Pflanzenteile zerkleinert und in kaltes Wasser gegeben. Das wird dann erhitzt und die Pflanzen sieden darin für mehrere Minuten, bitte nicht kochen! Danach wird der Herd ausgestellt und das Gebräu darf für ca. 10-12 Minuten, möglichst abgedeckt, ziehen. Ein Absud wird in der Regel zu medizinischen Zwecken benutzt, da er die Wirkstoffe der jeweiligen Pflanzen konzentriert übernommen hat.

Für das Sitzbad werden nun 2 Esslöffel des Absuds mit 500 ml kochendem Wasser aufgebrüht und 10 Minuten ziehen gelassen. Dann fügt man die Mischung in eine Sitzwanne und setzt sich für 10-15 Minuten hinein. Länger sollte das Sitzbad nicht dauern, da es sonst bei empfindlichen Menschen zu ungewünschten Reaktionen kommen könnte.

Natürliches Waschmittel aus Rosskastanien

Für eine Ladung durchschnittlich verschmutzter Buntwäsche benötigst du:

5-8 Kastanien
300 ml Wasser

Zubereitung

Du beginnst damit, möglichst frisch gefallene Kastanien zu sammeln, die keine Schadstellen aufweisen. Die Kastanien säuberst du gründlich und zerkleinerst sie mit einem scharfen Messer (mindestens in Viertel). Möchtest du sie für Weißwäsche verwenden, solltest du sie vorher noch schälen. So minimierst du das Risiko für einen Grauschleier.

Die zerkleinerten Kastanien gibst du dann mit den 300 ml Wasser in einen Topf und bringst beides bei niedriger Hitze zum Kochen. Lasse den Sud ca. 15 Minuten sanft köcheln und dann abkühlen.

Statt der Kochmethode kannst du die Kastanien auch in ein Glas mit Wasser geben und das Ganze ca. 8 Stunden ziehen lassen. Beide Wege führen dazu, dass die Saponine in den Kastanien gelöst und zum Waschen nutzbar gemacht werden. Zum Waschen gibst du die fertige Flüssigkeit dann einfach durch ein Sieb direkt in das Waschmittelfach. Solltest du hartes Wasser zuhause haben, füge am besten noch einen Teelöffel Waschsoda als Enthärter hinzu (außer bei Wolle und Seide, da diese Fasern sonst aufquellen!). Mit diesem natürlichen Waschmittel wird normal verschmutzte Wäsche problemlos sauber und riecht auch nicht aufdringlich nach irgendwelchen chemischen Duftstoffen. Falls du Duft magst, aber auch lieber auf Weichspüler verzichtest, kannst du deinem Waschmittel ja noch eigenes ätherisches Duftöl hinzugeben. Hartnäckige Flecken solltest du vorher mit Gall- oder Kernseife behandeln.

Flüssigwaschmittel mit Rosskastanien

Hierfür benötigst du:

5-10 frische Rosskastanien (oder 50 g getrocknete)
1 Liter Wasser

Zubereitung

Fülle alles in ein hohes Gefäß und mixe es mit einem Pürierstab gut durch. Dann filterst du die Flüssigkeit ab und gibst sie direkt in die Wäschetrommel. Fertig!

Geschirrspülmittel mit Rosskastanien

Auch zum Reinigen von Geschirr eignen sich Kastanien hervorragend. Hierfür benötigst du:

500 ml von dem selbstgemachten Rosskastanien-Flüssigwaschmittel (siehe oben)
100 ml Naturessig
1 EL Apfelpektin

Zubereitung

Gib alle Zutaten in ein hohes Gefäß und mixe es mit dem Pürierstab gut durch. Statt einem industriellen Tab kannst du nun 300 ml des Mittels in den Geschirrspüler geben, somit reicht diese Menge für 2 Durchläufe. Haltbar ist es ca. 1 Monat.

Ingwer-Shot

Der Ingwer-Shot wird deine Abwehrkräfte und deinen Energielevel erhöhen und dein Immunsystem in Schwung bringen.

Zutaten

100 g Ingwer, frisch
1 Stück Kurkuma, daumengroß
2 Zitronen
2 Orangen
3 EL Honig

Zubereitung

Du schneidest die Ingwerwurzel und das Stück Kurkuma in kleine Stifte, presst die Zitronen und Orangen aus und gibst dann alle Zutaten in einen Mixer (oder Smoothie-Maker). Püriere alles fein durch und gieße es im Anschluss durch ein Mulltuch oder einen Nussmilchbeutel. Fülle das Getränk in sterilisierte Flaschen ab und bewahre es im Kühlschrank auf. Nun kannst du täglich ein Schnapsglas voll davon trinken und erhältst so einen enormen Energiekick – besonders zu empfehlen in der Grippezeit. Der Shot hält sich ca. 5 Tage.

Ingwer-Fußbad

Ein Fußbad mit geriebenem Ingwer ist ein altes Hausmittel, wenn man spürt, dass gerade eine Erkältung im Anmarsch sein könnte.

Zutaten

1 großes Stück Ingwer, ca. 5 cm
Wasser
1 Eimer, 1 große Schüssel oder Fußbadewanne

Zubereitung

Erst einmal reibst du den Ingwer fein und lässt ihn für kurze Zeit in einem ½ Liter Wasser aufkochen. Dann gießt du den Sud durch ein Sieb direkt in die mit warmem Wasser gefüllte Wanne. Das Wasser sollte dir mindestens bis zu den Knöcheln reichen und eine Temperatur von ca. 42 °C haben. Nun kannst du deine Füße darin ganz entspannt für ca. 20 Minuten baden. Nach dem Fußbad tauchst du deine Füße am besten kurz in kaltes Wasser und ziehst dir dann warme Socken an. Wenn du dich dann noch in einer warmen Decke aufs Sofa kuschelst, ist es perfekt! Der Ingwer wirkt anregend, durchblutungsfördernd und wärmend.

Goldene Milch

Wenn die Tage kürzer werden und uns die Sonne nicht mehr allzu oft die Ehre erweist, können wir uns mit der „Goldenen Milch“ ein kleines Stück vom Sonnenglück herbeizaubern. Hierbei handelt es sich um ein ayurvedisches Getränk, das nicht nur köstlich schmeckt, sondern auch Heilwirkungen in sich birgt. So soll diese „Milch“ antioxidativ, entzündungshemmend und immunstärkend wirken. Zudem unterstützt sie die Entgiftung und regt die Leberfunktion an.

Zutaten

4 EL Kurkuma, gemahlen
2 EL Zimt, gemahlen
1 EL Ingwer, gemahlen
1 EL Kardamom
½ TL Pfeffer
etwas Muskat
etwas Vanille

Zubereitung

Vermische alle Zutaten sorgfältig. Wenn das Pulver fertig ist, kannst du 1 TL in eine Tasse mit warmer (Pflanzen-) Milch geben und nach Belieben noch mit Agavendicksaft oder Honig süßen. Etwas Kokosöl macht den Geschmack noch runder.

Dieses außergewöhnliche Rezept kannst du auf Vorrat machen, indem du alle Zutaten einfach dunkel und luftdicht lagerst.

Taubnessel-Gesichtswasser

Wie bereits erwähnt, haben Taubnesselblüten eine sanft entfettende, aber nicht austrocknende Wirkung, die du dir zunutze machen kannst. Gerade bei fettiger, unreiner und bei Mischhaut ist eine sanfte Reinigung von Vorteil. Außerdem wirken die antibakteriellen und entzündungshemmenden Wirkstoffe der Taubnessel gegen Mitesser und Unreinheiten.

Zutaten und Zubereitung

Gib 2 TL Taubnessel-Blüten in ein Glas und übergieße sie mit 100 ml heißem, nicht mehr kochendem Wasser. Lasse den Aufguss abgedeckt für mindestens 10 Minuten ziehen und seihe ihn dann ab. Nachdem du das Heilwasser auf Körpertemperatur hast abkühlen lassen, kannst du mit einem Wattebausch sanft dein Gesicht reinigen.

„Liebeszauber-Trank"

Zutaten

½ TL gemahlene Lavendelblüten
½ Vanillestange
1 Zimtstange
2 Gewürznelken
1-2 L Rotwein

Zubereitung

Gib alle Zutaten in einen Topf und übergieße sie mit kochendem Wasser. Lasse den Aufguss 15 Minuten ziehen und seihe ihn dann ab. Danach gibst du den Rotwein dazu. Falls das Getränk noch zu würzig ist, kannst du weiteren Rotwein dazugeben. Der Trank schmeckt heiß und kalt und wird mit dem richtigen Lieblingsmenschen sicher seinen Zauber entfalten.

Mundwasser

Damit du den Liebeszauber-Trank nicht umsonst hergestellt hast, solltest du vorab eventuell zunächst ein Mundwässerchen herstellen. Hierfür setzt du zunächst einen Sud an mit Kamille, Rosmarin, Salbei und Thymian. Nach dem Aufkochen und Ziehen wird der Sud abgeseiht und du verwendest dann dieses Sudwasser.

Für die eigentliche Basis benötigst du folgende Zutaten:
500 ml Sudwasser
40 g Xylit
2 TL Natron
6 Tropfen Minzöl
Teebaumöl
Eukalyptusöl
Nelkenöl
Flasche oder Schraubglas

Zubereitung

Koche deine Flasche oder das Glas zur Desinfektion vorher aus, befülle sie dann mit allen Zutaten und schüttele sie gut durch. Schon ist dein Mundwasser fertig!

Mit der Verwendung der ätherischen Öle sei bitte vorsichtig, da sie sehr intensiv sind.

Zitronen-Knoblauch-Trunk

Dieses Rezept stammt ursprünglich von einem Mönch, der seinen Schülern diesen Trunk verabreichte, wenn sie an Erkältungen oder grippalen Infekten litten.

Zutaten

2 unbehandelte Zitronen
30 Knoblauchzehen
500 ml gereinigtes Wasser

Zubereitung

Zunächst wäschst du die Zitronen und zerkleinerst sie dann mit der Schale. Dann füllst du sie zusammen mit den Knoblauchzehen und dem Wasser in einen Blender und mixt alles so lange durch, bis eine homogene Masse entsteht. Die Flüssigkeit lässt du dann kurz in einem Topf aufwallen, ohne dass sie kocht. Anschließend füllst du sie in eine saubere Glasflasche ab und lagerst sie kühl. Bei Bedarf trinkst du 1 Schnapsglas (4 cl) am Tag. Vor dem Verzehr solltest du die Flasche allerdings gut schütteln und gegebenenfalls auch etwas anwärmen, also nicht direkt aus dem Kühlschrank verzehren. Dank der Zitronen riecht dein Atem danach nicht unangenehm nach Knoblauch.

Buchenlikör

Die Buche bringt uns Ausgeglichenheit, Fröhlichkeit, Licht und Leichtigkeit in unsere Seele.

Zutaten

120 g junge Buchenblätter
1 Bio-Zitrone (hier benötigst du nur die äußere, gelbe Schale)
0,5 l Korn
150 ml Wasser
200 g Zucker (ich bevorzuge Rohrohzucker, da dieser gesünder ist)

Zubereitung

Schneide die Buchenblätter und die äußere Zitronenschale in dünne Streifen und gebe sie in ein bauchiges Glas. Dort lässt du sie 2 Wochen ziehen und schüttelst sie ab und zu durch. Nach der Ruhezeit filterst du die Buchenblätter ab. Dann kochst du aus dem Wasser und dem Zucker eine Zuckerlösung, das dauert ca. 5 Minuten. Im Anschluss mischst du diese Lösung mit deinem Buchenblätter-Auszug gut durch und füllst den fertigen Likör in kleine, desinfizierte Fläschchen ab. Nun darfst du noch 2 weitere Wochen warten, damit der Buchenlikör reift, und dann kannst du ihn genießen.

Spitzwegerich-Hustensaft

Zutaten

1 Glas flüssiger Honig (ich bevorzuge Waldhonig)
1 Glas Spitzwegerichblätter, gewaschen und in Stücke geschnitten
1 leeres Glas, sterilisiert

Zubereitung

Schichte in das leere Glas abwechselnd die Blätter und den Honig und lasse alles mindestens für 4 Wochen ziehen. Schon ist dein Hustensaft fertig!

Hildegard-von-Bingen-Energiekekse

Nachdem wir nun schon so viel über Hildegard von Bingen erfahren haben, möchte ich dir keinesfalls ihr Rezept für ihre ganz speziellen Kekse vorenthalten. Dieses Gebäck ist mit seinen wertvollen, heilvollen Zutaten gerade in aufreibenden, stressigen Zeiten eine wahre Wohltat. Diese Energiekekse sind nervenstärkend, können unsere Stimmung heben und zu unserer Gelassenheit beitragen. Da verhältnismäßig viel Muskat in den Teig kommt, sollte von übermäßigem Verzehr abgesehen werden. Muskat hat sehr positive Eigenschaften, wie z. B. das Steigern von Konzentration und Scharfsinn, zudem ist er blutreinigend. In größeren Mengen wirkt er allerdings toxisch und könnte zu Halluzinationen oder Vergiftungserscheinungen führen. Daher wird empfohlen, nicht mehr als 5 Kekse pro Tag zu verzehren (Kinder und Schwangere sogar nur 3 Stück täglich).

Zutaten

300 g Dinkelmehl
2 TL Muskatpulver
2 TL Zimt
1 Msp. Nelkenpulver
1 TL Backpulver
200 g Mandelblättchen
150 g Butter
2 Eier
150 g Rohrzucker
½ Zitrone
eine Handvoll klein geschnittene Wildkräuter
(oder getrocknete Kräuter, gerebelt)
bunte essbare Blüten, frisch oder getrocknet, als Verzierung

Zubereitung

Vermische alle Zutaten zu einem Knetteig und lege sie, in mehrere Rollen geformt und in Butterbrotpapier eingerollt, für ca. 2 Std. in den Kühlschrank. Nachdem der Teig abgekühlt ist, schneide die Rollen in 0,5 cm dicke Scheiben (du kannst den Teig auch ausrollen und Plätzchen ausstechen) und lege die Kekse auf ein Backblech. Mit etwas verquirltem Eigelb kannst du sie dann bestreichen und bei Bedarf mit den essbaren Blüten verschönern. Bei 200 °C wird das Gebäck dann für ca. 10-15 Min. gebacken, bis sie leicht gebräunt sind.

BELIEBTE HEILSAME KRÄUTERTEES

Zu den heilsamen Tränken gehören, wie bereits erwähnt, auch die bekömmlichen Kräutertees, die deine Energie auf magische Weise stärken. Die Verwendung von Kräutertee hat in der Naturheilkunde eine lange Tradition. Allerdings wird empfohlen, Heilkräutertees nur für eine begrenzte Zeit zu trinken: maximal 3 Tassen am Tag und längstens 6 Wochen.

Nachfolgend findest du eine kleine Auswahl an Rezepten. Selbstverständlich schenkt uns Mutter Natur viel mehr Möglichkeiten, doch alle hier zu erwähnen, würde vermutlich den Rahmen sprengen. Also lass dich einfach weiter inspirieren und fühle dich eingeladen, deine erworbenen Kräuterkenntnisse umzusetzen und selbst ein wenig herumzuprobieren!

Wie ein Tee aufzugießen ist, dürfte uns allen bereits klar sein, deswegen erwähne ich es hier nur kurz. In der Regel reicht 1 TL des jeweiligen Tees für 1 Tasse (250 ml).

Bezüglich der Ziehzeit gilt folgende Faustregel:
3 Minuten anregend – 5 Minuten beruhigend

Im Folgenden findest du nun eine Aufzählung der Kräuter, die für Tees besonders gut geeignet sind, sowie ihre heilsame Wirkung:

Birkenblätter – blutreinigend, harntreibend – sehr gut für die Nieren

Brennnesselsamen – vertreiben die Frühjahrsmüdigkeit

Buchenrinde – auswurffördernd, fiebersenkend, hustenstillend und eignet sich daher speziell bei der Behandlung von Erkältungen

Eberesche (Vogelbeeren) – enthält viel Vitamin C und ist daher besonders bei Erkältungsbeschwerden geeignet, entzündungshemmend und aus diesem Grund bei Gallen- und Leberbeschwerden zu empfehlen, selbst bei Gallensteinen!

Eisenkraut – bei Atemwegserkrankungen und Halsschmerzen gurgelst du am besten mit Eisenkraut-Tee, bei Mundschleimhautentzündungen kannst du mit dem Tee Spülungen durchführen; hier beträgt die Ziehzeit 7 Minuten

Eukalyptus – befreit die Bronchien und Nasennebenhöhlen von festsitzendem Schleim und erleichtert das Abhusten; ist auch bei akuter Bronchitis anwendbar

Fenchel – krampflösend, schleimlösend, verdauungsfördernd, hilft bei Blähungen und Völlegefühl, regt bei stillenden Müttern die Milchbildung an

Frauenmantel – adstringierend, antioxidativ, blutbildend, blutreinigend, entzündungshemmend, krampflösend – der beste Frauentee; gemischt mit Schlüsselblumen beruhigt er die Nerven und schenkt dir einen gesunden Schlaf

Gänseblümchen – blutreinigend, krampflösend, schleimlösend, schmerzstillend; regt den Stoffwechsel an und stärkt das Immunsystem

Hagebutte – abführend, blutstillend, entgiftend, entzündungshemmend, kräftigend, krampflösend, schmerzstillend; stärkt das Immunsystem. Der „Kernlestee" ist leider etwas in Vergessenheit geraten. Hier werden nur die Hagebuttenkerne mit heißem Wasser aufgegossen. Getrunken wird er zur Blutreinigung, Entwässerung, bei Blasen- und Nierensteinen sowie bei Rheuma. In den Kernen ist außer Kieselsäure auch Vitamin C.

Himbeerblätter – beruhigend, blutreinigend, entzündungshemmend, fiebersenkend, wehentreibend

Holunderblüten – fiebersenkend, schweißtreibend – bei Erkältungskrankheiten

Jasmin – beugt Arterienerkrankungen vor, beruhigt die Nerven, senkt den Blutdruck und Cholesterinspiegel, stärkt das Immunsystem und schenkt seelische Balance; bei verschiedenen Krebserkrankungen wird dem Jasmintee eine präventive Schutzfunktion zugesprochen

Königskerzen – optimal in der Erkältungszeit, da stark schleimlösend

Labkraut – beruhigend, entzündungshemmend, krampflösend, stärkt das Immunsystem und die Nerven

Löwenzahn – harntreibend, stärkend; stärkt das Immunsystem und unterstützt das Verdauungssystem

Lindenblüten – beruhigend, entzündungshemmend, schleimlösend, schweißtreibend

Minze – Pfefferminztee hilft bei Blähungen, Bronchitis, Durchfall, Erkältung und grippalen Infekten, Fieber, Herzschwäche, Husten, Kopfschmerzen, Magen-Darm-Beschwerden, Migräne, Mundgeruch, Rheuma, Schnupfen und Übelkeit

Oregano (Dost) – hilft bei Appetitlosigkeit, Husten, Verdauungsbeschwerden; bei Entzündungen im Mund- und Rachenraum kannst du mit Oregano-Tee gurgeln

Ringelblumen – der Tee hilft bei Entzündungen im Mund- und Rachenraum; Wunden im Mund (z. B. nach einer Zahnbehandlung), bei Mundgeruch, Magenbeschwerden und bakteriellen Infektionen im Magen-Darm-Trakt

Rose – kräftigend, nervenstärkend

Rotklee – blutreinigend, entzündungshemmend, harntreibend, krampflösend

Salbei – hilft bei Bluthochdruck, Erkältung, Husten und Magen-Darm-Beschwerden: Bitte trinke keinesfalls mehr als 3 Tassen pro Tag, ansonsten könnten durch das im Salbei enthaltene Thujon Nebenwirkungen wie Halluzinationen, Schwindel und Übelkeit auftreten!

Schafgarbe – antibakteriell, blutreinigend, krampflösend, stärkend

Schlehen – adstringierend, blutstillend, entzündungshemmend, harntreibend, kräftigend, krampflösend, verdauungsanregend; wird bei Bluthochdruck empfohlen

Spitzwegerich – abschwellend, antibakteriell, antiseptisch, auswurffördernd, desinfizierend, entzündungshemmend, hustenreizmildernd

Thymian – antibakteriell, beruhigend, entzündungshemmend, krampflösend, schleimlösend

Vogelmiere – harntreibend, schleimlösend und verdauungsfördernd

Waldmeister – wirkt krampflösend und sorgt für eine angenehme Nachtruhe; bitte beachte, dass auf 100 ml Wasser lediglich 1 g Waldmeister verwendet wird, da es sonst zu Kopfschmerzen kommen könnte

Walnussblätter – adstringierend, entwässernd, entzündungshemmend, kann bei gewünschter Gewichtsreduktion helfen; zum Gurgeln (bei Entzündungen der Mundschleimhaut) werden 2 TL getrocknete, zerkleinerte Walnussblätter mit 250 ml heißem Wasser aufgegossen und für 10 Minuten ziehen gelassen

Weidenrinde – wird bei Arthrose, fieberhaften Erkrankungen, Kopfschmerzen und rheumatischen Beschwerden verwendet

RÄUCHERUNGEN

Das Räuchern ist heutzutage ein nahezu vergessenes Ritual, das zusätzlich die Möglichkeit bietet, eine Verbindung mit der Natur einzugehen, bei der Heilkräfte wirken können. Es wurde bereits viele Jahrtausende zu vielerlei Zwecken genutzt. Daher gehört Räuchern höchstwahrscheinlich zu einer der ältesten Heilmethoden überhaupt. Heute wird es einerseits zur Heilung angewendet, zusätzlich aber auch, um zu Entspannung zu finden, eine Meditation zu unterstützen, bedrückende Raumenergien zu harmonisieren, Träume zu intensivieren, Wohn- und Geschäftsräume energetisch zu reinigen oder um Visionen zu erzeugen. Vor allem geht es darum, ein mögliches energetisches Ungleichgewicht, das z. B. durch Krankheit, unterdrückte Stimmung oder Streit entstanden ist, wieder auszugleichen.

Schon die alten Römer wandten während ihrer Opferrituale Räucherungen an, wenn sie Bitten um eine reiche Ernte, Gesundheit oder Kindersegen „per fumum“ (durch Rauch) in den Himmel entsandten. Auf diese Weise verbanden sie sich mit den Ahnen und Göttern und hofften, erhört zu werden.

Beim „energetischen Räuchern“, also dem Räuchern mit Blüten, Kräutern, Harzen, Hölzern, Rinden und Wurzeln, wird das Pflanzenmaterial zunächst erhitzt. Während es verglimmt, setzt der Rauch dann bestimmte Duftstoffe frei.

Werden heute Hausreinigungen durchgeführt, so beziehen wir ebenfalls unsere Vorfahren mit ein, um die Räucherungen dabei zu unterstützen, dass Gesundheit und Wohlbefinden in unser Lebens- und Arbeitsumfeld gelangen.

In erster Linie wird das energetische Räuchern angewendet, um alte, gespeicherte negative und verbrauchte Energien, Emotionen und Schwingungen aus dem Haus zu entfernen und heilsame Räume für unseren Geist, unseren Körper und unsere Seele zu schaffen. Räucherungen schaffen eine friedliche Atmosphäre. Sie bringen Haus und Hof den nötigen Schutz vor „bösen Geistern“. Darüber hinaus haben sie weitere Wirkmöglichkeiten. So wirkt Räuchern auch antibakteriell und antiviral, es schenkt uns einen klaren Kopf, da es beruhigend ist und entschleunigt. Es erweitert die Wahrnehmung und das Bewusstsein. In Bezug auf Lebensmittel unterstützt es dabei, diese haltbar zu machen.

Die zum Räuchern benötigten Utensilien sind u. a.:

- getrocknete Kräuter
- Räucherbündel (verschiedene Kräuter, die zusammengebunden werden)
- feuerfeste Schale oder ein Räucherstövchen (mit Sieb und Teelicht)
- Räuchersand (feiner Vogelsand ist auch einsetzbar)
- Räucherkohle und ggf. eine Räucherzange (eine Gebäckzange tut es auch)
- Streichhölzer
- optional einen Mörser

Wenn du bisher noch nie selbst geräuchert hast, solltest du zunächst mit dem Räuchern von Salbeiblättern beginnen, da sie die Räumlichkeiten optimal energetisch reinigen. Erst im Anschluss solltest du dann die von dir gewählten Kräuter räuchern, um deren Energien mit in dein Feld zu bringen.

Willst du „nur" ein paar Kräuter räuchern, so reicht ein **Räucherstövchen** vollkommen aus, da du die Blätter auf das **Sieb** legen kannst und von unten über das brennende Teelicht die Hitze nach oben steigt. 1-2 Blätter oder 1 TL von getrockneten, zerstoßenen Kräutern reichen meist schon aus, denn auch beim Räuchern gilt oftmals: Weniger ist mehr. Es ist zu empfehlen, dass du die Kräuter eher an den Rand des Siebes legst, da sie mittig zu schnell verbrennen würden.

Hast du jedoch vor, **Harze** zu räuchern, wie z. B. Benzoe (Harz verschiedener Storaxbäume), Copal (Baumharz), Dammar (Harz von Laubbäumen), Drachenblut, Myrrhe, Styrax (flüssiges Amber) oder Weihrauch, so solltest du eine **feuerfeste Räucherschale** nutzen, in der sich ganz unten der Sand, darüber die Räucherkohle und darauf das Räuchergut befindet. Der Grund dafür ist, dass das Harz durch die Hitze schmilzt und Unterlagen wie ein Sieb oder einen Teller dermaßen verschmutzen würde, dass du es wahrscheinlich nicht mehr reinigen kannst. Kräuter legst du am besten um die Kohle herum statt darauf.

Ein **Räucherbündel** solltest du dagegen lieber mit einer Kerze entzünden als mit einem Feuerzeug, da sich der Rauch besser entwickeln kann. Du kannst das Räucherbündel in einer Hand halten und dich auch zunächst einmal selbst abräuchern und reinigen, indem du den Rauch in deine Aura (dein energetisches Feld) hältst.

Willst du Räume ausräuchern, kannst du mit einem Räucherbündel oder deinem Räuchergut in der Schale in jedem Zimmer von Ecke zu Ecke gehen. Fange bei der Tür an und gehe **im Uhrzeigersinn** vor, sodass du letztendlich wieder bei der Zimmertür landest. Räucherst du ein ganzes Haus, beginne an der Eingangstür und arbeite dich im Uhrzeigersinn vor, bis du dort wieder ankommst. Vergiss auch den Dachboden und den Keller nicht! Falls sich die Energien sehr unangenehm anfühlen, kannst du zusätzlich die Ecken mit **Salz** ausstreuen. Dieses wird dann ganz zum Schluss mit dem Staubsauger aufgesaugt und der Beutel wird außerhalb des Hauses entsorgt. Übrigens solltest du zu Beginn des Räucherns die Fenster geschlossen halten, damit der Rauch gut einwirken kann. Erst nach getaner Arbeit kannst du dann richtig durchlüften, damit alles, was du verabschieden willst, dem Raum auch entfliehen kann.

Bezüglich der **Räucherkohle** ist zu erwähnen, dass diese in der Regel immer etwas länger braucht, bis sie richtig glüht; habe also etwas Geduld. Entzünde sie mithilfe der **Räucherzange** über der Kerze. Wenn du ein leises Knistern hörst, beginnt der Glühvorgang und du kannst die Kohle auf den Räuchersand legen. Erst wenn die Glut richtig durch die Kohle durchgezogen ist (dies kann einige Minuten dauern), sieht die Kohle nicht mehr schwarz, sondern eher weiß-gräulich aus und du kannst deine Räucherware auflegen.

Mit dem **Mörser** kannst du die getrockneten, groben Kräuter zermalmen und so deren Inhaltsstoffe gut auslösen, damit sie beim Räuchern ihre volle Wirkkraft entfalten können.

Räuchermaterialien

Nachfolgend findest du nun eine Auflistung heimischer Räuchermaterialien:

Beifuß – wird auch gerne und oft von Schamanen genutzt; wirkt beruhigend, reinigend und segnend; vertreibt Dämonen, stärkt die Intuition, bietet Schutz, fördert das Traumerleben und stärkt das Weibliche

Copal – der Begriff kommt aus dem mexikanisch-indianischen Wort „copalli" und bedeutet „Harz". Copal (oder auch Kopal) ist eine Mischung verschiedener halbfossiler Baumharze. Copal blanco (weiß) wirkt erfrischend und reinigend. Copal negro (schwarz) soll Wege aus der Krise aufzeigen und die Verbindung zu den Ahnen fördern. Copal oro (goldfarben) soll die Konzentration stärken und den Geist freimachen. Copal manila reinigt sanft und unaufdringlich und unterstützt geistige Arbeit, wirkt anregend auf unsere Intuition und Phantasie und unterstützt uns bei kreativen Tätigkeiten.

Drachenblut – dieses Harz ist ein richtiger Wirbelwind, wenn es um atmosphärische Reinigung geht; es neutralisiert negative Energien, löst Habgier und Neid auf, schützt vor „bösem Zauber" und vertreibt unangenehme Geister. Drachenblut verleiht Mut, Dinge anzupacken, die man bisher immer vor sich hergeschoben hat. Bei Ritualen wird die Räucherung mit diesem Harz verwendet, wenn es um Erdung geht.

Eichenblätter – reinigen den Raum und vertreiben Krankheiten; ihre Früchte werden bei Ritualen verwendet, um die Fruchtbarkeit und sexuelle Kraft zu steigern

Eichenmoos – hat eine ausgleichende, erdende Wirkung, hilft beim Loslassen und stärkt das Selbstvertrauen

Fabianakraut - macht euphorisch und hat eine leicht berauschende Wirkung

Fichtenharz – löst alte Muster auf; holt Dinge hervor, die lange „unter den Teppich gekehrt" wurden; verströmt eine beschützende Atmosphäre und lässt erdgebundene Seelen einander erkennen.

Goldrute – belebend, erhellend und wärmend; schenkt dir die Kraft des Sommers

Johanniskraut – wirkt gemütserhellend, lichtbringend, stimmungsaufhellend (z. B. bei Ängsten, Kummer und Traurigkeit), öffnet unseren Geist, schenkt uns Geborgenheit und Wärme, baut Spannungen ab und schützt uns vor dunklen Energien

Lavendel – wirkt ausgleichend, beruhigend, harmonisierend, klärend, kühlend und reinigend; bringt Frieden und Sanftmut, schafft Klarheit, entspannt die Nerven, vertreibt schlechte Gedanken und verhilft zu klaren Visionen; der Seelenhaushalt kommt wieder ins Gleichgewicht

Malve – wird verräuchert, um Fruchtbarkeit zu erlangen, gesunde Kinder zu gebären und vor Krankheit zu schützen

Mariengras – wirkt sehr entspannend auf Geist und Körper, klärt die Gedanken und regt die Kreativität an

Meisterwurz (Kaiserwurz) – belebend, keimtötend (gut zum Desinfizieren), stärkt unsere Abwehrkräfte und unser Selbstbewusstsein

Minze – belebend, energetisierend für Geist und Körper, erfrischend; wirkt klärend auf unsere Gedanken

Myrrhe – ausgleichend, beruhigend, desinfizierend, erdend, entspannend, harmonisch; gibt uns ein Gefühl von Geborgenheit; sorgt für innere Reinigung und Balance und eignet sich hervorragend zum Stärken der Weiblichkeit

Oregano (wilder Dost) – aufmunternd, besänftigend, stärkt die Nerven und vertreibt schlechte Stimmungen

Quendel – vertreibt negative Gedanken und schenkt uns Kraft und Mut

Rosenblüten – wirken belebend und gleichzeitig entspannend, beseitigen Ängste, schenken uns inneren Frieden und innere Ruhe, machen uns zuversichtlich und vertreiben negative Energien. Das Räuchern von Rosen nimmt uns die depressive Stimmung, hilft uns beim Loslassen und schafft eine friedliche und sanfte Atmosphäre, in der wir uns fallen lassen können.

Rosmarin – wirkt anregend, erfrischend, herzöffnend, reinigend und schützend; hilft bei Depressionen, beim Loslassen und in der Trauer

Salbei – der Klassiker; damit solltest du stets deine Räucherungen beginnen, da er die Atmosphäre, die Aura und den gesamten Raum klärt und reinigt und von Altlasten sowie verhärteten Gefühlen befreit; er erdet, neutralisiert Gerüche, befreit die Lunge und hilft gegen Schluckbeschwerden. Salbei wurde früher übrigens bei der Heilung von „Besessenen“ verwendet, da er hohe Austreibungskraft hat. **Weißer Salbei** hat übrigens eine feinstoffliche Reinigungskraft.

Sandelholz – sorgt für Ausgelassenheit und Entspannung und spendet uns Kraft; es hat eine aphrodisierende Wirkung und wird eingesetzt, um die Libido zu steigern und sexuelle Gelüste zu stimulieren; sein spezieller Duft vertreibt Ängste, Sorgen und Schmerz; es ist Balsam für unsere Seele; Sandelholz-Räucherungen bringen uns gedanklich in eine andere Welt und machen uns frei von negativen Einflüssen

Styrax – ist ein Naturharz und wirkt heilend bei Atemwegserkrankungen wie Asthma, Bronchitis, Grippe, Heiserkeit und Keuchhusten; es wirkt beruhigend und entspannend. Styrax öffnet uns für die Liebe

Sumpfporst – wirkt beruhigend und schlaffördernd; er war eine traditionelle Ritualpflanze bei den nordischen Schamanen

Sweetgras – wirkt harmonisierend und reinigend; es eignet sich gut bei Meditationen

Thymian – hilft bei geistiger und körperlicher Schwäche und Müdigkeit, reinigt und stärkt die Raumenergie

Wacholder – vertreibt negative Energien

Waldmeister – wirkt heilend, schützend, siegend und wehrt alles Schlechte ab; er wird geräuchert, um Frauen bei der Geburt zu unterstützen und das Neugeborene vor dem „bösen Blick" zu schützen. Waldmeister wurde früher für eine Genesung in Krankenzimmern verräuchert und auch als Abwehr-Räucherung jeglicher Krankheit eingesetzt. Im Volksglauben wird der Waldmeister als ein altes Waldmütterlein angesehen, das verirrte Kinder im Wald beschützt.

Weihrauch – dieses Harz in Kombination mit Rosenblättern ist etwas ganz Besonderes und wird traditionell nach den Rauhnächten am Dreikönigstag (6. Januar) verräuchert, um die Energien zu erhöhen und die neue Zeit zu segnen, in die man dann eintritt

Ysop – wirkt mentaler Erschöpfung entgegen und hilft uns, die Leichtigkeit im Leben wiederzufinden

Zedernholz – wirkt aufbauend, entspannend, harmonisierend, klärend und stärkend; beseitigt negative Energie aus Gebäuden; es fördert das Ansehen, Glück und Wohlstand; stärkt den Mut und den Willen und schützt zudem auf irdischer Ebene vor Motten

Wie bereits erwähnt, ist dies nur ein Auszug an möglichen heimischen Kräutern. Die Auflistung erhebt daher keinerlei Anspruch auf Vollständigkeit und kann von dir, im Zuge deiner weiteren Erfahrungen mit dem Räuchern, ergänzt werden.

Jedes Kraut, jedes Holz und jedes Öl hat seine eigene, spezielle Heilwirkung und kann mit entsprechendem Wissen gezielt bei Beschwerden und Krankheiten nicht nur bei Räucherungen verwendet werden.

Räucherungen können zu jederzeit von dir durchgeführt werden, vor allem, wenn du Beschwerden bzw. ein gewisses Unwohlsein wahrnimmst und dein Wohlbefinden erhöhen möchtest. Idealerweise solltest du Hausreinigungen bereits vor dem Einzug in die jeweiligen Räumlichkeiten vornehmen. Besonders zu empfehlen sind die Rauhnächte (ursprünglich „Rauchnächte"). Sie beginnen mit dem 25. Dezember und dauern bis zum 6. Januar an.

Nachdem du sehr viel über Räucherungen erfahren hast, folgt nun ein Rezept, mit dem du dir eigene Räucherkegel herstellen kannst:

Räucherkegel – Grundrezept

Zutaten für die Grundmasse
80 g Buchenholzkohle, staubig
10 g Kartoffelstärke
125 ml Wasser

Von dem Wasser nimmst du 100 ml und kochst es in einem Topf auf. Die Kartoffelstärke rührst du in die verbleibenden 25 ml Wasser mit einem Schneebesen gründlich unter. Wenn sich die Stärke aufgelöst hat, gibst du die Mischung zu dem kochenden Wasser und rührst alles noch einmal zügig durch. Sobald eine gallertartige Masse entsteht, nimmst du den Topf vom Herd und lässt die Masse abkühlen.

Im nächsten Schritt gibst du die Buchenholzkohle in eine separate Schüssel und fügst nun verschiedene Kräuter und Harze hinzu. Hier empfiehlt sich:

1 TL Vanillezucker
1 TL Weihrauch
1 TL Benzoe (Siam oder Sumatra)
2 TL Kräuter nach Wahl*

Zubereitung
Vermische nun das Buchenholzkohle-Pulver mit diesen Zutaten gleichmäßig. Danach gibst du die gallertartige Masse hinzu und verrührst es zu einem homogenen Teig. Aus diesem Teig formst du nun kleine Räucherkegel oder andere Kreationen. Wichtig wäre allerdings eine kleine „Spitze“, damit das Anzünden später leichter fällt. Die fertigen Räucherkegel sollten dann zügig getrocknet werden, damit sie nicht zu schimmeln anfangen. Du kannst sie hierfür bei 40 °C in den Backofen geben und die Ofentür mit Hilfe eines Kochlöffels einen Spalt weit geöffnet halten. Da die Größen sehr unterschiedlich sind, prüfe einfach zwischendrin, ob deine Kegel die nötige Trockenheit erlangt haben.

***Kräuter deiner Wahl** können sein: Damiana (Safranmalve), Kakao, Kardamom, Lavendel, Lorbeerblätter, Melisse, Minze, Orangenschale, Schafgarbe, Styrax, Vanille, Waldmeister oder Zimt.

Der Garten der grünen Magie

Der eigene Garten stellt im Rahmen der grünen Magie geradezu eine Energiequelle zum Auftanken dar. Die Pflege und der Aufbau schaffen einen eigenen Wirkungsbereich, in dem die Kräuter und Pflanzen achtsam zu behüten sind.

Die Kräuterkunde wurde bereits eingehend behandelt, daher beschäftigt sich dieses Kapitel mit dem Aufbau und der Pflege, die benötigt werden, um eine tiefe Verbindung mit dem Land einzugehen. Nun gilt es, unsere inneren Sinne zu schulen, um das Land und seine Bedürfnisse wahrzunehmen und diese schließlich auch erfüllen zu können.

In einigen Fällen kann es ausreichen, einen Baum von seiner Last zu befreien, indem du abgestorbene Äste abnimmst oder zur rechten Zeit die Pflanzen beschneidest und auf natürliche Weise düngst. Doch bevor es zum Beschneiden und Düngen etc. kommt, will ein ertragreicher Kräutergarten erst einmal angelegt sein. Natürlich kannst du auch mit einem **Kräutergarten auf dem Balkon** beginnen, denn selbst auf kleinstem Platz finden sich mittlerweile tolle Lösungen, wie z. B. **Hängegärten**.

Eine Fläche von 2 bis 5 Quadratmetern reicht bereits aus, um ein Kräuterbeet anzulegen, denn hier können bereits bis zu 20 Pflanzen ein Zuhause finden. Selbstverständlich ist ein Stück Land mit einer Größe von 20 oder 50 Quadratmetern um einiges attraktiver, bedarf jedoch auch eines gewissen Mehraufwandes. In jedem Fall solltest du darauf achten, dass zumindest ein **natürlicher Zaun** aus Heckensträuchern dein Land umfasst und vor Tieren schützt, die auch Gefallen an den Köstlichkeiten in deinem Garten finden könnten. Sind Heckensträucher für dich zu kostenintensiv, kannst du dich mit einem natürlichen Zaun aus Heckenschnitt begnügen. Oftmals sind deine Nachbarn sogar dankbar, einen Abnehmer dafür zu finden, statt sich selbst um die Entsorgung kümmern zu müssen.

Für den Fall, dass es dir körperlich nicht so leichtfallen sollte, dich zu bücken, ist es eine gute Überlegung, sich **Hochbeete** anzuschaffen. Sie liefern hohe Erträge und erleichtern dir die Aussaat, Pflege und Ernte. Zudem sind sie eher schneckenfrei. Für mediterrane Arten sind Hochbeete besonders geeignet, da die Erde dort etwas trockener und wärmer ist als in einem normalen Beet. Auch Hängepflanzen leben dort gerne, da sie ihre Ranken dort herabhängen lassen können.

Für den Fall, dass du lediglich ein kleines Stück Land bebauen kannst, ist eine **Kräuterspirale** nicht nur platzsparend, sondern auch durchaus ein Blickfang.

Beim Anlegen einer Kräuterspirale ist zunächst einmal der richtige Platz zu finden. Hierbei sind folgende Punkte zu beachten:

- Die Kräuterspirale sollte gut von der Küche aus erreichbar sein.
- Die meisten Kräuter benötigen viel Sonne, daher solltest du die Spirale nach Süden ausrichten. Im Schatten oder unter einem Baum sollte sie daher nicht liegen.
- Die Lage sollte nicht ungeschützt sein, da kalter Wind den Pflanzen besonders schaden würde.

• Sorge für ausreichend Platz. Eine Kräuterspirale sollte möglichst eine Fläche von 3 bis 6 m^2 haben.

• Der Untergrund ist zweitrangig, da die Spirale, nach den Bedürfnissen der Kräuter angepasst, mit der entsprechenden Erde aufgeschüttet wird.

• Prüfe, ob es in deiner Umgebung einen Ort gibt, an dem du die notwendigen Steine für den Bau der Kräuterspirale kostenfrei sammeln oder zumindest günstig erwerben kannst.

Ist der optimale Platz gefunden, gilt es im nächsten Schritt, mit Hilfe von Holzpflöcken und einer gespannten Schnur den Grundriss für die Kräuterspirale abzustecken. Die Form kann der eines Schneckenhauses ähneln, deiner Kreativität sind jedoch keine Grenzen gesetzt. Von Vorteil ist, wenn sich die Spirale nach Süden hin öffnet.
Hebe innerhalb der abgesteckten Fläche die Erde spatentief aus, falls du einen Teichbereich eingeplant hast, sollte dieser am Beginn der Spirale liegen und 40 cm tief ausgehoben werden. Abgesehen von einem möglichen Teichbereich wird die abgetragene Fläche mit Schotter aufgefüllt, die mindestens 10 cm hoch sein sollte. Zum einen dient der Schotter als Fundament für die Mauer, er sorgt aber auch dafür, dass es später zu keiner Staunässe kommt.

Lege die erste Reihe faustgroße Steine in Form einer Spirale mit zwei Windungen. Klinkersteine lassen sich hierfür auch gut verwenden. Als Nächstes füllst du die Fläche mit einer Schicht grobem Schotter auf. Achte darauf, dass die Schicht im Kern der Spirale mindestens 50 cm hoch ist. Sollte ein Teich dabei sein, läuft die Schotterschicht zum Teich hin allmählich aus.

Als Nächstes baue die Kräuterspirale aus Steinen und Erde schrittweise auf, bis du bei dem inneren, höchsten Punkt angelangt bist. Hier sollte die Höhe insgesamt 80 cm betragen. Für die Befüllung des Beetes solltest du keine herkömmliche Gartenerde verwenden, sondern eher eine Mischung aus Erde, Kompost und Sand, um den verschiedenen Feuchtigkeitsbedürfnissen entsprechen zu können.

Nachdem deine Kräuterspirale nun steht, kann, wenn gewünscht, jetzt ein kleiner Teich angelegt werden. Entweder du verwendest hierfür einen Fertigteich, den du in das bereits ausgehobene Loch einsetzt, oder du füllst das dafür vorgesehene Loch mit einer etwa 5 cm dicken Sandschicht auf und legst eine Teichfolie aus. Der Sand sorgt dafür, dass die Folie nicht so schnell beschädigt werden kann. Fülle deinen Teich mit Wasser und setze am Rand einige Steine drumherum, um den Folienrand zu kaschieren. Die Erde in der

Kräuterspirale solltest du etwas sacken lassen. Warte hierfür einige Regengüsse ab und fülle bei Bedarf dann noch etwas Erde nach.

Nun geht es an das Bepflanzen! Die beste Zeit hierfür ist das Frühjahr. Nachfolgend findest du eine Aufzählung der Kräuter, die sich besonders gut für eine Bepflanzung der Kräuterspirale eignen. Hierbei ist auf die unterschiedlichen Feuchtzonen zu achten.

Im oberen Bereich wachsen aufgrund des Sonneneinfalls und des trockenen Bodens am besten:

- Bergbohnenkraut
- Lavendel (Provence-)
- Majoran
- Oregano
- Rosmarin
- Salbei (breitblättrig)
- Thymian
- Ysop

Im mittleren Bereich gedeihen am besten:

- Estragon
- Minze (vorzugsweise die „Garten-Bergminze", da diese nicht zum Wuchern neigt)
- Schnittlauch
- Zitronenmelisse

Im unteren Bereich, dort, wo der Boden eher feucht ist, entfalten sich am ehesten:

- Borretsch
- Brunnenkresse
- Kalmus (amerikanischer)
- Petersilie
- Schnittlauch

Der **Teich** kann bepflanzt werden mit

- Lotusblumen
- Wassernüssen

Prüfe, welche Kräuter für dich wichtig sind und du keinesfalls missen möchtest, und stelle sicher, dass Kräuter wie Salbei und Schnittlauch während ihrer Blüte fleißig die Bienen und Hummeln anlocken.

EINEN GARTEN RICHTIG ANLEGEN

Die Kräuterspirale und Hochbeete können als Einzelelemente dienen oder aber Teilbestand eines herrlichen Kräutergartens sein. Auch bei der Gestaltung deiner Beete sind deiner Kreativität je nach Größe des Gartens kaum Grenzen gesetzt, doch solltest du einige grundlegende Regeln und Tipps beachten:

- Bestimme den jeweils besten Standort (sonnig, Halbschatten etc.), wegen der Abgase möglichst abseits des Straßenverkehrs
- Gruppiere Kräuter, die gut zusammenpassen
- Kombiniere Küchenkräuter als Mischkultur mit Gemüse und anderen Pflanzen
- Mische keinesfalls einjährige und mehrjährige Kräuter
- Nutze zum Düngen ausschließlich Bio-Dünger oder Kompost
- Verzichte auf Pestizide (sogenannte „Pflanzenschutzmittel“), wie Herbizide (Unkrautbekämpfungsmittel), Insektizide (Insektenvernichtungsmittel), Fungizide (wirken pilztötend)

Achte auch auf deine gesundheitlichen Bedürfnisse. Bestenfalls erstellst du vorher eine Zeichnung, um deine Kräuterspirale optimal zu planen und zu gestalten. Sobald du dir einen Plan erstellt und den Boden entsprechend aufbereitet hast, steckst du dir deine Beete ab. Hierfür nutzt du am besten wieder Holzpflöcke und einen gespannten Faden. Zum Begrenzen deiner Beete kannst du diese entweder mit Steinen oder kurzen Hecken umranden.

Da die Auswahl an Kräutern sehr vielseitig ist, erhältst du einige Tipps, welche der Kräuter z. B. **einjährige Pflanzen** sind:

- Dill
- Koriander
- Majoran

Zweijährige Kräuter sind:

- Oregano
- Petersilie
- Rosmarin
- Thymian

Einjährige Kräuter werden in der Regel ab Mitte Mai ausgesät, zweijährige Kräuter kannst du bereits im September aussäen. Die Aussaat sollte in Reihen erfolgen, damit du später mögliches Unkraut besser entfernen kannst. Bedecke die Samen nach dem Aussäen mit Mulch, das gibt ihnen die nötige Wärme. Übrigens bevorzugen Koriander und Pimpinelle (mehrjährige Pflanze) eher einen kalkhaltigen Boden.

Zu den einjährigen Kräutern, die gut zusammenpassen, zählen:

- Basilikum
- Bockshornklee
- Bohnenkraut, Sommer-
- Boretsch
- Dill
- Gartenkresse
- Garten-Senfrauke
- Kapuzinerkresse, große
- Kamille
- Kerbel
- Kleiner Wiesenknopf
- Koriander
- Kreuzkümmel
- Majoran
- Petersilie

Denke daran, dass frisch eingepflanzte Kräuter viel Feuchtigkeit benötigen. Nach dem Einsetzen solltest du sie also ausreichend gießen und dabei darauf achten, dass die Blätter frei von Wasser bleiben, damit sie nicht im Sonnenlicht verbrennen. Solltest du dich für das Pflanzen von Koriander oder Pimpinelle entscheiden, achte darauf, dass diese beiden kalkreiche Böden bevorzugen.

Übrigens vertragen sich nicht alle Kräuter:
Setze niemals Kamille neben Pfefferminze; Dill verträgt sich nicht mit Estragon und Majoran möchte nicht neben Thymian wachsen!

Sehr gut vertragen sich:	Bohnenkraut mit Oregano und Thymian Lavendel mit Ysop

Am besten erstellst du zunächst eine Liste mit deinen Lieblingskräutern und notierst auch gleich deren Anforderungen (Feuchtigkeit, Platz, Substrat etc.)

Mit Blick auf sogenannte Pflanzenpartnerschaften, also Pflanzen, die sich gut vertragen und sogar eine Symbiose eingehen können, solltest du wissen, welches die wirksamsten Mischkulturen dieser **Pflanzengemeinschaften** sind:

Erdbeeren und Knoblauch – Knoblauch schützt Erdbeeren (und auch Himbeeren) effektiv vor Grauschimmel sowie vor anderen Pilzkrankheiten. Auch in der Wuchsform ergänzen sie sich sehr gut, da Knoblauch gerade nach oben wächst und Erdbeeren eher am Boden bleiben.

Erdbeeren und Buschbohnen – Buschbohnen sind sogenannte „Schwachzehrer". Sie benötigen wenig Nährstoffe aus dem Boden und sind somit keine Konkurrenz für Erdbeeren. Zudem profitieren die Erdbeeren während der Wachstumsperiode von der Stickstoffanreicherung der Bohnen.

Möhren und Zwiebeln – Möhren vertreiben die Zwiebelfliege und Zwiebeln halten die Möhrenfliege fern. Als gelungene Mischkultur kannst du z. B. abwechselnd eine Reihe Zwiebeln und eine Reihe Möhren anbauen. Der Aussaattermin für Möhren ist von Februar bis August, während du ab Juni bereits die ersten Zwiebelreihen abernten kannst. An dieser Stelle kannst du dann die nächsten Möhren aussäen und die neuen Zwiebeln finden ihren Platz dort, wo du die letzten Möhren geerntet hast.

Auch die Kombinationen **„Möhren und Schalotten"**, **„Möhren und Knoblauch"**, **„Pastinaken und Schalotten"** sowie **„Pastinaken und Knoblauch"** sind anzuraten. Möhren und Pastinaken kannst du mit allen Zwiebelgewächsen gut kombinieren.

Kohl, Lauch und Sellerie – Da Kohl sehr anfällig für Schädlinge ist, sollte er in Kombination mit Sellerie angebaut werden, da sein Geruch Kohlschädlinge ablenkt. Zusätzlich solltest du den Kohl jedoch im Sommer mit einem Kulturschutznetz abdecken. Den Lauch solltest du schon deshalb mit in das gleiche Beet setzen, da er auch durch ein Netz geschützt werden sollte. Der Vorteil von Lauch ist: Er nimmt nur wenig Platz weg.

Kürbis, Mais und Stangenbohnen – Kürbis bedeckt den Boden, während der Mais schnurstracks nach oben wächst und den Bohnen als Halt dient, an dem diese empor ranken können. Optimal passen „Tramunt-Mais" und die Stangenbohne „Neckarkönigin" zusammen.

Stangenbohnen und Rote Bete – Diese beiden Pflanzen harmonieren besonders gut und ergänzen sich optimal in der Mischkultur-Partnerschaft. Es ist lediglich zu beachten, dass du die Stangenbohnen auf der Nordseite des Beetes anbaust, damit sie die Rote Bete nicht beschatten.

Es gibt noch weitaus mehr Möglichkeiten für partnerschaftliche Mischkulturen. Weiterführende Empfehlungen für Mischkulturen sowie eine **Mischkultur-Tabelle** findest du im Literaturverzeichnis.

Je nach vorhandenem Platzangebot steht es dir frei, ob du die Pflanzen in deinem Garten „nach Bauernart" in Rechtecke einteilst oder sie nach der fernöstlichen Harmonielehre „Feng-Shui", beispielsweise in Form eines Yin-Yang-Zeichens, anordnest, um die Wirkstoffe der Heilkräuter noch zu verstärken. Eine ebenfalls beliebte Beetform – besonders für Kräuter – ist die Form eines Wagenrades. Hierbei werden die Kräuter in einem kreisförmigen Beet wie in den Speichen eines Rades gepflanzt. In jedem Fall helfen dir kleine Namensschilder dabei, den Überblick über deine ausgesäten Kräuter und Pflanzen zu behalten.

Nachdem du deinen eigenen Garten angelegt hast, kannst du mit der Gestaltung einer Ruhe-Oase für die nötige Entspannung sorgen. Schaffe dir einen Platz, an dem du Kraft tanken und deine Seele baumeln lassen kannst.

Darüber hinaus solltest du für eine ertragreiche Ernte ein **Insektenhotel** in deinem Garten errichten. Die Bienen, Hummeln und Schmetterlinge werden es dir danken!

Wenn du dich für den Eigenanbau entscheidest, bietet dieser dir optimale Bedingungen, damit du dich ohne großen Zeitaufwand das ganze Jahr über an wohlschmeckenden und heilenden Kräutern erfreuen kannst.

Im nächsten Schritt erhältst du einen Einblick, **welche Kräuter und Pflanzen** du **aussäen** bzw. pflanzen kannst. Es ist nur ein kleiner Auszug an Möglichkeiten. Ihre Heil- und Wirkstoffe haben wir ja bereits im Kapitel „Kräuterkunde von A-Z“ eingehend behandelt.

Augentrost
ist aufgrund seiner Blütenpracht ein besonders beliebtes Heilkraut
Aussaat: Oktober–April
Blütezeit: Juli-September
Erntezeit: Mai–Juni
Standort: sonnig; magerer, nährstoffarmer, eher sandiger Boden

Beinwell
Aussaat: Ende Februar–Anfang Mai
Blütezeit: Mai–Oktober
Erntezeit: ab Mai können bereits die Blüten geerntet werden, die Blätter kurz darauf
Standort: sonnig bis halbschattig, der Boden sollte Feuchtigkeit halten können, nährstoffreich und locker sein

Giersch und Löwenzahn können wir hier außer Acht lassen. Sie werden sicher den Weg in deinen Garten finden und du kannst beide herzlich in deinem Garten und später in deiner Küche willkommen heißen.

Lavendel
Ist für die Insekten besonders wichtig
Aussaat: Februar–März
Blütezeit: Mai-September
Erntezeit: Juni–September
Standort: vollsonnig bis sonnig; trockener, eher sandiger, kalkhaltiger Boden

Knoblauch

Ist nicht besonders für den Winteranbau geeignet; neben Rosen gepflanzt, hilft er, diese vor Blattläusen zu schützen

Aussaat: im Frühjahr (März–April) und noch einmal im Herbst

Erntezeit: ab Juli

Standort: sonnig; warmer, trockener Boden

Oregano

Eines der unverzichtbaren, mediterranen Kräuter für Pizzen & Pasta

Aussaat: April–Mai

Blütezeit: Juli–September

Erntezeit: ganzjährig

Standort: sonnig; eher trockener, nährstoffarmer Boden

NATÜRLICHE DÜNGUNG UND PFLANZENSCHUTZMITTEL

Als Nächstes sollten wir uns mit dem Düngen beschäftigen, da dies ein wichtiger Bestandteil der Pflege ist. Auch hier ist es in der Welt der grünen Magie äußerst wichtig, dass auf chemische Substanzen verzichtet wird, daher betrachten wir uns hier das **Kräuterjauchen**:

Kräuter sind nicht nur in unserer (Hexen-) Küche beliebt, sie können auch bei Pflanzen, in Form von Kräuterbrühen oder -jauchen, Krankheiten eindämmen, Schädlinge vernichten und das Wachstum fördern. Sie werden als natürliche Dünger für den Pflanzenschutz verwendet. Während Kräuterbrühen und -tees nur kurze Zeit ziehen müssen, sollten Kräuterjauchen bis zu zwei Wochen lang gären. Auf diese Weise werden die Wirkstoffe aus den Kräutern effektiv herausgezogen und verfügen dadurch über eine intensivere Wirkung.

ACHTUNG:

Mische Kräuterjauchen mit Wasser in einem Mischverhältnis von 1 zu 10. Auf 1 Liter Kräuterjauche kommen demnach 10 Liter Wasser.

Das **Herstellen von Kräuterjauchen** ist simpel. Die jeweiligen Kräuter (Vorschläge findest du gleich im Anschluss) zerkleinerst du grob. Es dürfen sowohl Blätter, Blüten als auch Stängel verwendet werden. Gebe die Kräuter danach in ein großes Behältnis, bis es maximal bis zur Hälfte gefüllt ist, und fülle es mit Leitungs- oder Regenwasser auf. Zur Oberkante musst du in jedem Fall noch ca. 10 cm frei lassen, da die Kräuter zu gären beginnen und Schaum bilden.

Das Gefäß darf auf keinen Fall verschlossen werden, da durch die Gärung Gase entstehen! Sollte es zu unangenehmen Gerüchen kommen, können diese mit etwas Gesteinsmehl reduziert werden.
Rühre die Jauche täglich einmal um. Sobald der Schaum (nach ca. 10–14 Tagen) verschwunden ist, verfärbt sich die Flüssigkeit braun und deine Kräuterjauche ist bereit für den Einsatz.

Bei der **Herstellung einer Kräuterbrühe** gehst du folgendermaßen vor: Die Kräuter werden zerkleinert und im Anschluss für 24 Stunden in kaltem Wasser eingeweicht, dabei sollten die Kräuter in jedem Fall mit dem Wasser bedeckt sein. Je mehr Kräuter sich im Wasser befinden, desto intensiver wird die Brühe. Nach der Einweichzeit wird die Flüssigkeit für eine halbe Stunde aufgekocht und anschließend durch ein Sieb in ein anderes Gefäß gegossen und darf dort erst einmal abkühlen, bevor du die Brühe dann weiterverwendest.

Als **Kräutersud** wird die Flüssigkeit bezeichnet, die nach dem Einweichen und Abseihen verbleibt, dabei ist es unwichtig, ob die Kräuter in kaltem oder warmem Wasser gezogen sind.

Das wohl bekannteste natürliche Pflanzenschutzmittel ist die **Brennnesseljauche**. Diese kann wegen ihrer Mineral- und Stickstoffe zum Düngen eingesetzt werden; für starkzehrende Pflanzen wie Kürbis, Paprika, Tomaten und Zucchini ist sie besonders gut geeignet.

Setzt du allerdings eine Brennnesselbrühe an, so hilft diese gegen Blattläuse und andere saugende Pflanzenschädlinge.

Weitere wichtige Kräuterbrühen bzw. -jauchen werden hergestellt aus:

Baldrian – Hier werden nur die Blüten für die Herstellung einer Brühe verwendet, die die Blühfähigkeit und das Wachstum von Pflanzen positiv beeinflussen kann.

Beinwell – Seine Jauche ist ein hervorragender Dünger, sowohl für die starkzehrenden Pflanzen als auch für Auberginen und Kartoffeln. Es enthält viel

Kalium und begünstigt deshalb das Wachstum. Eine Mischung mit Brennnesseljauche ist perfekt, um dem Boden die nötigen Nährstoffe zu geben.

Holunder - Setze eine Handvoll Blätter auf einen Liter Wasser als Absud an, auf diese Weise hast du mit Holunder ein wirkungsvolles Insektizid.

Kamille – beugt Wurzelkrankheiten vor.

Knoblauch – hilft gegen diverse Schädlinge; einen Absud aus Knoblauch kannst du gegen die „Weiße Fliege" einsetzen.

Minze – zeigt in Form einer Kräuterbrühe eine keimhemmende Wirkung und hilft besonders bei Pilzerkrankungen.

Rainfarn – als Brühe hilft er vor allem gegen den **Himbeerkäfer**, die Brombeer- und **Erdbeermilben** und den **Erdbeerblütenstecher**. Der entstandene Süd sollte in jedem Fall noch einmal im Verhältnis 1 zu 2 mit Wasser verdünnt werden, da er toxische Inhaltsstoffe besitzt. Die Pflanzen können entweder mit der Brühe gegossen oder besprüht werden.

Salbei – als Brühe oder Jauche – schlägt Schädlinge aller Art in die Flucht. Auch hier können die Pflanzen entweder gegossen oder eingesprüht werden.

Schafgarbe – hier hilft ein Kräuterauszug gegen Pilzbefall

Wermut – seine Brühe hilft u. a. gegen den Apfelwickler, die Brombeermilbe und gegen Kohlweißlingsraupen oder vorbeugend gegen Säulchenrost (schwarze Johannisbeere).

Wurmfarn und Adlerfarn – Als Jauche helfen beide Farne gegen Schädlinge wie Schild- und Schmierläuse als auch Blutläuse. Sie helfen zudem bei Rost-Erkrankungen an Apfelbäumen, Malven und Johannisbeersträuchern.

DIE KRÄUTERERNTE – DAS WICHTIGSTE IM ÜBERBLICK

- Verwende stets sauberes und scharfes Werkzeug (Messer, Schere). Das gibt den Kräutern die Möglichkeit, die Schnittwunden zügig wieder zu verschließen. Somit sind sie weniger anfällig für Krankheitserreger.
- Ernte die Kräuter möglichst noch vor der Blüte an einem sonnigen Tag, so haben diese den höchsten Gehalt an Aromastoffen.
- Ausnahme: Immergrüne Kräuter kannst du auch im Winter ernten. Doch sei hier behutsam, da sie zu dieser Jahreszeit ihr Wachstum eingestellt haben.
- Bei Basilikum solltest du immer die ganze Triebspitze abschneiden, dann kann die Pflanze dort neu austreiben und sich weiter verzweigen. Die Pflanze wird dadurch kräftiger und durch das Kappen der Triebe wird zusätzlich die Blüte verzögert.
- Auch bei Rosmarin und Thymian halte dich an die Triebspitzen. Diese sind besonders zart und auch hier ist eine bessere Wuchsform gewährleistet.
- Petersilie bevorzugt es, wenn du immer erst ihre älteren Blätter erntest.
- Schnittlauch kann dagegen einfach ganz weit unten abgeschnitten werden, da er immer wieder neu austreibt. Außerdem verzögert sich dadurch bei ihm die Blüte. Bevor der Schnittlauch sich zum Herbst hin zurückzieht, kannst du ihn vollständig abernten und ggf. für den Winter einfrieren.
- In der Regel kannst du bei Kräutern auch deren Blüten ernten. Sie sind nicht nur essbar, sondern auch sehr dekorativ auf Salaten und Speisen.
- Salweide solltest du möglichst stehen lassen. Sie ist eine der ersten Nahrungsquellen für die Bienen.

Permakultur – in Kürze erklärt

Der Begriff „Permakultur" bedeutet im Grunde nichts anderes als eine dauerhafte Kultivierung; eine Kultur, die permanent bestehen kann. Ursprünglich geht es hierbei um ein nachhaltiges Konzept für den Gartenbau und die Landwirtschaft. Der Grundgedanke ist, die natürlichen Kreisläufe der Natur (Ökosysteme) präzise zu beobachten und nachzuahmen. Das ursprüngliche Konzept entwarf der Australier Bill Mollison zusammen mit David Holmgren in den 1970er Jahren. Mittlerweile wird die Permakultur als eine nachhaltige Landnutzung und Lebensweise beschrieben und hat ihren Weg auch nach Europa zu den Kleingärtnern und mittelgroßen Bauernhöfen gefunden.

Permakultur ist das Gegenteil von Ausbeutung der Bodenschätze und krankmachenden Monokulturen. Sie ermöglicht uns, dauerhaft Landwirtschaft zu betreiben, weil keine Bodenzerstörung stattfindet. Dabei werden die örtlichen Gegebenheiten beachtet. Dieses System wird vor allem nach Funktionalität aufgebaut. Dies bedeutet, man schafft sich kurze Arbeitswege. Kulturpflanzen, die viel Pflege bedürfen und oft aufgesucht werden müssen, werden nah ans Haus gepflanzt. Kulturen, die nur sporadisch besucht werden müssen (Obstgehölze, Wald), werden weiter entfernt vom Haus angebaut. Außerdem sollen sich die Pflanzen gegenseitig unterstützen; ein wichtiges Thema, das in diesem Ratgeber bereits weiter oben beschrieben wurde.

Zum Beispiel gibt es viele Kräuter, auf denen Insekten wohnen. Viele dieser Pflanzen werden als Unkraut bezeichnet, obwohl sie sehr nützlich sind, denn die Insekten, die dort ihr Zuhause haben, fressen oftmals jene Insekten, die Obstbäume etc. angreifen und befallen. Indem die vermeintlichen „Unkräuter" stehengelassen werden, kann auf das Spritzen von Pestiziden verzichtet werden; eine Arbeit, die normalerweise viel Zeitaufwand erfordert und die man sich somit einspart.

Permakultur macht sich zur Aufgabe, die Landschaftsfunktionen zu bewahren, wie zum Beispiel die Wasserspeicherung, die Verdunstung, die Nährstoffbereitstellung und die Erosionsminderung. Dies wird in der konventionalen Landwirtschaft leider oftmals nicht (mehr) beachtet. Hier wird in der Regel nur noch monokulturell angebaut, was dazu führt, dass der Boden schnell seine Nährstoffe verliert und abgeschwemmt werden kann.

Permakultur nimmt sich im Gegenzug die Natur als Vorbild. Es gibt verschiedene Pflanzenkombinationen, bei denen sich die Pflanzen gegenseitig unterstützen. Ein Beispiel: Tomaten werden zusammen mit Basilikum und Rucola (Rauke) angepflanzt. Auf diese Weise können Tomaten in die Höhe wachsen und die beiden Kräuterpflanzen bedecken den Boden, sodass dieser nicht abgeschwemmt werden kann. Zudem schützen diese sogenannten Bodendecker den Boden vor Austrocknung. Dadurch muss weniger gegossen werden. Es ist ökologischer, du sparst dadurch wiederum mehr Zeit ein und nutzt den Platz dreidimensional aus.

Südlich des Anbaugebietes finden oft Beerensträucher ihren Platz, während im schattigen Norden Speisepilze auf Holzstämmen gezüchtet werden können. Ressourcen werden nur in dem Maße gebraucht, wie sie auch wieder nachwachsen. Es gibt keinen „Müll“, denn der „Output“ (die tägliche Bedarfsernte wie Lebensmittel, Bau-/Brennholz, Korbmaterial etc.) wird wieder zum Input des genutzten Bedarfs (Kompost, WC), somit ist es ein geschlossener Stoffkreislauf. Es handelt sich also um ein Selbstversorgersystem, das natürlich ständig angepasst werden sollte. Durch die tägliche Bedarfsernte (Output) und das Feedback seines genutzten Bedarfs (Input) reguliert der Mensch dieses System und hält es intakt.

Permakultur ist in jedem Fall auch ein interessanter Weg, seinen Garten anzulegen und zu pflegen, und unterstützt die Ernte der heilsamen Kräuter und Pflanzen großzügig.

Wenn du dich intensiver mit dieser Thematik beschäftigen möchtest, wird der Name **Sepp Holzer** früher oder später sicher deinen Weg kreuzen. Sepp Holzer, geboren am 24. Juli 1942 in Salzburg, ist ein österreichischer Landwirt und Buchautor. Als international tätiger Berater für naturnahe Landwirtschaft begründete er die „Holzersche Permakultur“.

Bonus: Die Krafttiere

WIE SIE UNS DEN WEG DER SEELE WEISEN

Dieses Bonus-Kapitel möchte dich in die Welt der Krafttiere einführen, da auch sie ein Teil der grünen Magie sind und eine hilfreiche Ergänzung zu unseren Geistführern und den Naturwesen darstellen.

Das Krafttier, im Schamanismus auch „Totem“ oder „Spirit“ genannt, ist der Ausdruck für ein Geistwesen und Schutzengel in Tiergestalt, das als Seelengefährte oder spiritueller Helfer und Wegbegleiter beschrieben wird. Seine Aufgabe besteht darin, seinen Schützling auf allen Ebenen (geistig, körperlich, seelisch und spirituell) gesund zu erhalten. Es begleitet und unterstützt dich bei deiner Arbeit und stärkt deine Handlungen und bietet dir Führung.

So, wie uns die Pflanzen auf ihre ganz eigenen Wirkungsweisen gerade bei der Erlangung und Erhaltung unserer Gesundheit unterstützen, so steht uns unser Krafttier mit seinen besonderen Fähigkeiten als Beschützer, Botschafter, Heiler und auch Lehrer zur Seite. Krafttiere sind gleichsam Gefährten, Verbündete und Mittler zwischen der physischen und der geistigen Welt und uns treu ergeben. Indem Krafttiere uns begleiten, lassen sie uns an ihren Fertigkeiten und Gaben teilhaben und bringen uns Eigenschaften, Kräfte und Qualitäten, die uns helfen, unser Leben zu meistern.

Manche Menschen haben ein oder zwei Krafttiere, die sie ein ganzes Leben lang begleiten, andere wiederum erhalten, je nach Lebensphase und Entwicklung, unterschiedliche Krafttiere als Unterstützung. Wir dürfen unsere Krafttiere in allen Angelegenheiten unseres Lebens rufen und sie werden uns in ihrer ganz eigenen Weisheit beraten. Dabei ist es unerheblich, ob du berufliche, gesundheitliche, persönliche oder partnerschaftliche Situationen verstehen und klären willst. Wenn du also gerade Angst vor etwas hast, unsicher bist oder den eigenen Weg scheinbar nicht mehr findest, kann es dir helfen, dich mit den Qualitäten deines Krafttieres zu verbinden, damit du wieder in den Fluss des Lebens gelangst.

Dieses Kapitel wird dir dabei helfen, herauszufinden, welches Krafttier dich im Moment begleitet, und dir aufzeigen, wo es dich unterstützen kann.

Der einfachste Weg ist der über sogenannte Krafttier-Orakel-Karten. Karten-Sets kannst du käuflich erwerben, sodass du schnell die für dich passenden finden wirst. Einige sind mit Fotografien von Tieren, andere mit Zeichnungen des jeweiligen Tieres versehen. Zu den Karten erhältst du meist ein Begleitbuch, in dem die Kernbotschaften der jeweiligen Krafttiere festgehalten sind. In der Regel läuft es so, dass du, wenn du Karten erst einmal in deinen Händen hältst, dich bewusst in dein Herz begibst und mit Mutter Erde und dem Kosmos gleichermaßen verbindest. Dann stellst du dir mental oder auch laut selbst die Frage, welches Krafttier sich dir jetzt zeigen und dich ein Stück deines Weges begleiten will, und mischst dabei die Karten. Nun breitest du die Karten verdeckt vor dir auf dem Tisch im Halbkreis aus und schließt deine Augen.

Gehe nochmals bewusst in dein Herz und bitte darum, dass sich dir jetzt dein Krafttier zeigen möge, und lass eine Hand mit etwas Abstand in der Luft langsam über die Karten gleiten. Auch wenn du nicht hochsensibel sein solltest, wirst du schnell wahrnehmen, dass sich etwas „anders" anfühlt. Vielleicht spürst du ein Ziehen nach unten, einen Druck oder deine Hand will einfach nicht von der Stelle fort. Dann bewege sie langsam nach unten, bis ein Finger eine Karte als Erstes berührt. Öffne nun die Augen und ziehe diese besondere Karte aus dem Halbkreis heraus. Drehe die Karte achtsam und betrachte das Krafttier, das sich dir offenbart.

Nimm bewusst wahr, was in dir vorgeht:

- Was fühlst du in diesem Moment?
- Wo fühlst du es in deinem Körper?
- Was assoziierst du als Erstes mit diesem Tier?
- Wie interpretierst du seine Fähigkeiten?

Erst nach Beantwortung dieser Fragen solltest du in das Begleitheft schauen und nachlesen, welche Botschaft sich dir dort zeigen will. Was auch immer dir zuteilwird, prüfe es stets mit deinem Herzen und heiße dein Krafttier willkommen.

Falls dich gerade etwas beschäftigt, spüre nach, wie die Botschaft dieses Tieres und seine Fähigkeiten und Fertigkeiten dir bei dieser Situation weiterhelfen können. Wenn du nicht sofort eine Antwort darauf erhältst, verzage nicht, sondern stelle die Karte an einen schönen Platz (z. B. auf deinen Altar), entzünde eine Kerze und bitte darum, dass sich dir die Lösung in deinen Träumen zeigen wird.

Wenn du dann später schlafen gehst, vergiss nicht, dir einen Block und einen Stift mit ans Bett zu legen. So kannst du, wenn du aus deinem Traum erwachst, dir sofort Notizen dazu machen, um sie am nächsten Morgen nicht wieder zu vergessen. Lass dich überraschen, auf welche Weise dir dein Krafttier helfen wird!

Für den Fall, dass du dich zu Orakelkarten nicht hingezogen fühlst, gibt es eine weitere Möglichkeit, das eigene Krafttier zu identifizieren: das indianische Horoskop. Hier gelten nicht die uns bekannten Sternzeichen, denn das indianische Horoskop nimmt eine ganz eigene Aufteilung und gleichzeitige Zuordnung zu den Krafttieren vor:

Geburtszeitraum	**Krafttier**
20. Januar bis 18. Februar	**Otter**
19. Februar bis 20. März	**Wolf / Puma**
21. März bis 19. April	**Falke**
20. April bis 20. Mai	**Biber**
21. Mai bis 20. Juni	**Hirsch**
21. Juni bis 22. Juli	**Specht**
23. Juli bis 22. August	**Lachs**
23. August bis 22. September	**Braunbär**
23. September bis 23. Oktober	**Rabe**
24. Oktober bis 21. November	**Schlange**
22. November bis 21. Dezember	**Eule**
22. Dezember bis 19. Januar	**Gans**

Diese gelten als die „Haupt-Totemtiere“, sie werden oftmals von mindestens einem weiteren Krafttier in deinem Leben begleitet.

Hier findest du eine Übersicht der gängigsten Krafttiere und ihre Bedeutungen:

Adler:	erhaben, stolz, Freiheit, höheres Selbst, Klarheit und Wagemut; sich zwischen den Welten bewegen, Drang nach Freiheit; er fordert uns auf, die eigenen Potentiale zu stärken
Affe:	impulsiv, instinkthafte Triebe, Geradlinigkeit, Leichtigkeit, Mut, Wendigkeit; Späße treiben, ohne dabei jemandem zu schaden; über sich selbst lachen können; das Leben ist ein einziges Abenteuer
Amsel:	anpassungsfähig, Freude, Genuss, Heiterkeit, Lebenslust, Optimismus und Wagemut; sie steht auch für das Unbewusste
Braunbär:	Geborgenheit, Instinkt, Lebenskraft, Mut und Schutz; in der Ruhe liegt die Kraft
Biber:	Intuition, Kraft der Vision, Kreativität; führt dich in das Reich der Träume
Biene:	symbolisiert Fleiß, Gemeinschaft und Miteinander; das große Ganze
Bison:	Ausgeglichenheit, Standfestigkeit und stoische Ruhe
Büffelochse:	Beständigkeit, Überfluss, kündigt einen neuen Zyklus an
Chamäleon:	Anpassungsfähigkeit, Schlagfertigkeit; Verbundenheit eher mit dem Unsichtbaren als mit dem Sichtbaren
Dachs:	erdverbunden, freundlich, weise, Durchhaltevermögen, Hartnäckigkeit, Heilung und Mut
Delphin:	Feingefühl, Lebensfreude, Sanftmut und Vertrauen, er verkörpert die weibliche Seite des Menschen und stärkt unser Vertrauen
Drache:	Befreiung, Entfesselung; Wächter von Ordnung und Chaos; vereint die vier Elemente
Eichhörnchen:	Balance, Flexibilität, Kommunikation und Weitblick
Eidechse:	Regeneration; Überlebenskünstler; sie zeigt sich meistens dann, wenn wir das Träumen verlernt, unsere Ziele aus den Augen verloren haben
Einhorn:	Wahrhaftigkeit; es erinnert uns an die eigene, innere Kraft und an die Magie, die uns allen innewohnt
Eisbär:	Gestaltwandler; begleitet uns auf einsamen Entdeckerpfaden und schützt vor Herzenskälte
Elch:	Qualität, Schelm; sein Geweih ist Antenne zur Anderswelt; er verbindet die Kraft und Macht der Erde mit der Weisheit und Güte des Himmels

Elefant: Gedächtnis, Lebensweisheit, Standfestigkeit, Tradition und Weisheit; ist nachtragend; gilt als Weltenträger

Ente: wärmende Herzensliebe; stabilisiert das seelische Gleichgewicht; sie warnt vor Gefahr: „Achte auf deinen Weg!"

Esel: Eigenwilligkeit, Lastenträger; gilt als intelligent und trittsicher; Sinnbild des Demütigen

Eule: Einsicht, Einweihung, Genauigkeit, Intuition und Weisheit; sie ist nachtaktiv; ihr entgeht nichts, sie ermöglicht den Kontakt ins Dunkle und ins Totenreich

Falke: Schnelligkeit; Bote zwischen den Welten; er stellt seine Bedürfnisse über die aller anderen

Feuersalamander: Hüter des Feuers; seine innere Kälte bringt Feuer zum Erlöschen

Fisch: Intuition, Sinnbild für die Gefühlswelt; im Strom des Lebens treiben lassen und die innere Stimme wahrnehmen

Fledermaus: Intuition, Kommunikation, Orientierung und Wiedergeburt; Sehen in der Dunkelheit

Fliege: Ausdauer, Beharrlichkeit, Geduld, Geschicklichkeit und Raffinesse

Frosch: Fruchtbarkeit, Heilung, Reinigung, Transformation und Verwandlung; weist auf die innere Schönheit hin

Fuchs: Fruchtbarkeit, Intelligenz, List, Scharfsinnigkeit, Selbsterkenntnis, Tarnung und Witz; „Beobachte aus der Distanz, bevor du handelst."

Gans: Reinheit, Weiblichkeit, Zuverlässigkeit

Geier: magisches Wesen, Veränderung; gilt als Todes- oder Unglücksbote

Gepard: er hilft, dich zu fokussieren, deine wahren Ziele zu erkennen und diese schnellstmöglich umzusetzen

Giraffe: sie steht für liebevolle Kommunikation und hilft, Himmel und Erde sowie Herz und Verstand zu verbinden, ohne „abzuheben"

Hahn / Huhn: Erneuerung, Fürsorge, Mutterschaft (Glucke); Weckruf der Seele

Hamster: fordert auf, Sinnfragen zu stellen; weist darauf hin, sich evtl. im „Hamsterrad" zu befinden und an einer sinnlosen Tätigkeit zu leiden

Hase: Anpassungsfähigkeit, Herzensliebe, Intuition, Transformation und Wachsamkeit; lass dich nicht hinters Licht führen

Hirsch: Charisma, Öffnung, Selbstachtung und Unabhängigkeit; er ermutigt dich, Verantwortung zu übernehmen, mit Ruhe und Gelassenheit deine Probleme zu lösen und deinen Platz in der Welt zu finden

Hund: Liebe, Loyalität, Treue, Schutz, Spürsinn und Zuversicht; er lehrt uns, uns hingebungsvoll seiner Führung anzuvertrauen. Als Belohnung werden wir ins Licht eines neuen Lebens geführt.

Igel: unterstützt dich dabei, deine Ansichten, Ideen und Vorhaben nach Außen besser zu vertreten und durchzusetzen

Jaguar: Dimensionssprung; er symbolisiert die Kraft der Stille

Kamel: Ausdauer, Durchhaltevermögen, Überlebenskünstler

Katze: Intuition, Selbstbestimmung, Sanftmut und Verbindung zur Anderswelt

Kondor: magisches Wesen, Veränderung; gilt als Todes- oder Unglücksbote

Kobra: Eleganz, Heilkraft, Selbstmeisterung und Veränderung

Kojote: närrische Weisheit; er stellt dein Leben auf den Kopf, um frischen Wind hereinzulassen

Kolibri: Herzöffner; er ermuntert dich, öfter innezuhalten und die Schönheit des Augenblicks zu genießen

Krabbe / Krebs: Flexibilität, Hingabe und Läuterung; manchmal ist es ratsam, seitwärts oder rückwärts zu gehen, um vorwärtszukommen

Kranich: Konzentration und Zusammenhalt; Aufforderung zum Tanz des Lebens

Krokodil: Heilung tiefer Wunden und Transformation; es fordert dich auf, deine Tränen fließen, das befreit und so findest du zu innerer Stärke zurück

Kuh: Fülle, mütterliche Fürsorge, Segen und Zuneigung; sie fordert dich auf, sich mehr Zeit zu nehmen und über das Erlebte erst zu reflektieren

Lachsforelle: Verjüngung; Hindernisse annehmen und als Chance betrachten

Leopard: Perfektion; Symbolbild für einen mutigen, tapferen Krieger; er fordert dich auf, deiner eigenen Kraft und Stärke bewusst zu werden

Libelle: Beweglichkeit, Leichtigkeit und Stille

Löwe: Autorität, Gelassenheit, Loyalität; Macht und Stärke zum Wohle aller

Luchs: neues Bewusstsein; den Hintergrund durchschauen; „Achte auf deine Sinne, vertraue deiner Intuition“

Marienkäfer: Feingefühl, Freude, Fruchtbarkeit, Glück und Hoffnung; er erinnert uns daran, dass es oft die kleinen Dinge sind, die uns glücklich machen

Maus: Gerechtigkeit, Wertschätzung; „du kannst auch im Kleinen Großes bewirken“

Möwe: Geselligkeit; sie zeigt auf, dass du erst in Gesellschaft erkennst, wer du wirklich bist und wo du stehst

Nashorn: Erdverbundenheit und uraltes Wissen; „Vertraue deiner Intuition, nur so findest du tiefen Zugang zu dir“

Otter: Kreativität, Originalität, Transformation, Verspieltheit

Panther: Perfektion; die Schatten erforschen

Pegasus: Anmut, Erhabenheit, Freiheit, Verbindung mit der Quelle

Pferd: symbolisiert den persönlichen Antrieb, Anmut, Beweglichkeit, Dynamik, Freiheit, Kraft, Leidenschaft und Sinnlichkeit; „Gewinne mit Sanftmut!“

Phönix: Auferstehung, Kraft, Regeneration, Wandlung und Wiedergeburt

Puma: Ausdauer, Geschicklichkeit, Sanftmut, Schnelligkeit und Weisheit

Rabe: Intelligenz, Magie, Spieltrieb, starke Magie und Vorhersehung; „Stelle dich deinen spirituellen Fähigkeiten und nutze sie respektvoll.“

Ratte: geschickt, leichtlebig, mutig, Charisma, Intelligenz, Zielstrebigkeit

Reh: Anmut, Instinkt, Liebe und Wachsamkeit; Ängste werden durchschaut

Robbe: Emotionen, Erlösung, Sehnsüchte und Selbstvertrauen; „Gefühle prägen deine Persönlichkeit und wollen wahrgenommen werden.“

Salamander: Feuerkraft; ruft auf, Emotionen zu klären und zu vergeben

Schaf / Widder: Kampfgeist, scharfer Verstand, Vitalität; Verwirklichung der Träume; „Erkenne Manipulation. Sei kein Mitläufer.“

Schildkröte: friedliebend, Beständigkeit, überlegtes Handeln, Meditation, Ruhe, vorübergehender Rückzug und Vertrauen

Schlange: geistige Weiterentwicklung, Heilung, Schöpfung, Unendlichkeit; die Vergangenheit loslassen

Schmetterling: Freude, Leichtigkeit, Metamorphose und Transformation; spirituelles Erwachen der Seele

Schwan: Anmut, Liebeskraft, Loyalität, Schönheit und Transformation

Schwein: Fruchtbarkeit, Glück und Sinnesfreuden; „Feiere das Leben!"

Specht: Glück, Imagination; er symbolisiert den Zugang zur Anderswelt; „Finde deinen Rhythmus."

Spinne: Schöpferkraft, Weiblichkeit, Unendlichkeit, sie steht für Befreiung; „Löse dich von Verstrickungen. Du hast die Fäden in der Hand."

Steinbock: entschlossen, Übermut, Willensstärke; Aufforderung zur Selbstreflexion

Stier: Arbeit, Durchhaltevermögen, Fleiß, Gelassenheit und Gesundheit „Lass dich nicht provozieren."

Storch: verbunden mit der Quelle, Veränderung, Wachstum und Weltoffenheit

Taube: Friedensstifter, Harmonie, Liebe, Versöhnung und Zuversicht

Tiger: Begeisterung, Instinkt, Individualismus und Lebenskraft

Tintenfisch: achtsam, einfühlsam, Kreativität; schenkt uns Kraft und Schutz

Vogel: Freiheit, Leichtigkeit, Schwung, Seelenfeuer; er bringt dir Nachricht und verhilft dir zu einer übergeordneten Sicht.

Wal: Gelassenheit, Ruhe, Rückverbindung; „Verliere nie die Realität aus den Augen."

Widder: zielstrebig, stärkt deine Vorhaben; Verwirklichung der Träume

Wolf: Ausdauer, Führungskraft, Gemeinschaft, Taktik und Wissen, er steht für die Balance zwischen Gesellschaft und Individuum, zwischen Autorität und Freiheit; „Höre auf deine innere Stimme, stecke Grenzen und sichere dir deine Freiräume."

Möglicherweise erhältst du bereits beim Lesen dieser Krafttiere ein Gespür dafür, mit welchem dieser Wesen du dich verbunden fühlst. In jedem Fall ist zu erwähnen, dass die obige Auflistung nur ein Auszug und somit erweiterbar ist, da es durchaus mehr Krafttiere gibt.

Wichtiger Hinweis:
Falls du dich einmal für eine (mit Trommeln geführte) schamanische Seelenreise entscheiden solltest, um dein derzeitiges Krafttier kennenlernen und befragen zu können, achte darauf, in welcher Weise und Umgebung es sich dir darstellt. Sollte sich ein Krafttier auf der geistigen Ebene in einer eher dunklen oder düsteren Weise zeigen, breche den Kontakt und die Reise bitte sofort ab, da dies ein Hinweis dafür sein könnte, dass deine Verbindung durch negative Energiewesen gestört sein könnte.

Ein anderer möglicher Grund wäre, dass bei dem Problem oder der Situation, die dich zu dieser Reise gebracht hat, eine psychische oder physische Störung vorliegt. In diesem Fall ist anzuraten, sich Unterstützung durch einen Psychologen zu holen. In der Regel sind es erfahrungsgemäß jedoch nur kosmische Störungen und du kannst deine Seelenreise an einem anderen Tag erneut durchführen. **Ein guter Tipp** ist, in jedem Fall zuvor mit Salbei deine Umgebung zu räuchern.

Darüber hinaus solltest du Folgendes wissen: Es besteht die Möglichkeit, dass du einem Krafttier „aus dem Nichts heraus" begegnest. Diese Begegnung ist kein Zufall. Wenn dies ein Zeichen dafür sein sollte, dass dieses Tier für die nächste Zeit dein Begleiter sein darf, dann wirst du es innerlich wissen – es ist wie ein „Herzwissen", das du in dir trägst. Mit diesem Wissen wirst du auch schnell die ganz persönliche Botschaft erkennen, die dieses Tier für dich bereithält. In einem solchen Moment erkennst du den Ruf deiner Seele und du erfährst das wahre Sein und die Verbundenheit mit allem, was ist.

Sollte es einmal so sein, dass du diese Verbindung gerade nicht spüren kannst, so führe die „Meditation zur Erdung" durch (siehe das Kapitel „Finde den Zauber in dir") und öffne dich wieder für das Spirituelle, das Göttliche in dir. Führe eine Räucherung mit einem Kraut durch, das dir gerade besonders am Herzen liegt, und koche dir eine kräftige Suppe mit den Kräutern aus deinem Garten. Dies wird dich wieder zu dir selbst bringen und dich noch heller erstrahlen lassen als je zuvor.

Und wenn du dann noch dein Krafttier als Weggefährten an deine Seite bittest, wird sich dir die Magie des Lebens offenbaren.

Literaturverzeichnis / Quellenangaben

• Alexandersson, O. (2021). Lebendes Wasser: Viktor Schauberger und das Geheimnis natürlicher Energie (14. Aufl.). Ennsthaler.

• Alvito AuftischFilter Pro & Hexagonwasserwirbler Set. (o. D.). Cellavita - Naturprodukte | Die Gesundheit in die eigene Hand nehmen. https://www.cellavita.de/wasser/alvito-auftischfilter/alvito-auftischfilter-pro-hexagonwasserwirbler-set

• Aussaatkalender - https://thun-verlag.com/aussaattage2023/

• Baal-Shem, S. & Ashcroft-Nowicki, D. (2011). Qabbalistic Magic: Talismans,

• Psalms, Amulets, and the Practice of High Ritual (Illustrated). Destiny Books.

• Baron-Reid, C. & Kappen, H. (2019). Das Orakel der Krafttiere: 8 magische Karten mit Anleitungsbuch (4.). Knaur MensSana HC.

• Bingen, H. V. & Kaiser, P. (2018). Heilwissen oder die Ernährungstherapie der Hildegard von Bingen: (Rezepte, Kuren und Diäten) - Erweiterte Ausgabe. e-artnow.

• Bingen, V. H. & Lascar, M. (2021). SCIVIAS – Wisse die Wege: Die Visionen der

• Hildegard von Bingen. Independently published.

• Brevil, E. (2022). Runen - die Magie der Germanen für Einsteiger: Wie Sie die Kraft der Runen im Alltag anwenden können, um mehr Bewusstsein und höhere Wahrnehmung zu erleben. Inkl. Ihre ganz persönliche Rune finden. Van Duuren Media.

• Clark, H. (2022b). Positive Psychologie: Wie Sie effektiv Positives Denken, Steuern der eigenen Gedanken, Mindset entwickeln und Selbstbewusstsein stärken erlernen. Endlich mit Gelassenheit den Alltag meistern. Independently published.

• Devereux, P. (2010). Die Landschaft der Schamanen: Geomantie, Kraftorte und die Seele der Erde. Kamphausen Media GmbH.

• Die alte Kunst der Geomantie | Leszek Matela. (o. D.). http://leszekmatela.com/de/die-alte-kunst-der-geomantie/

• Emoto, M. (2010). Liebe und Dankbarkeit: Der universelle Lebenscode: Wasser - lebendiger Botschafter (5. Auflage 2017). Kamphausen Media GmbH.

• Ferzak, F. (2001). Viktor Schauberger. Ferzak.

• Geomanten finden in Deiner Nähe - Gruppe für Geomantie. (2022, 25. März). Neue Geomantie. https://www.neue-geomantie.de/geomanten-finden/

• Grander Wasser: https://www.grander.com/international/grander-wasser/ueber-grander/johann-grander

• Herzog, A. & Kühne, P. (2019). Räucherungen für die Seele. Intuitiv zur richtigen Mischung: 44 Karten mit Begleitbuch (2. Aufl.). Schirner Verlag.

• Hildegard, B. E. st. (2011). Ursprung und Behandlung von Krankheiten: Causae et Curae (Hildegard von Bingen-Werke) (2. Aufl.). Beuroner Kunstvlg.

• Hildegardis, B. & Portmann, M. L. (2005). Heilkraft der Natur - „Physica“: das Buch von dem inneren Wesen der verschiedenen Naturen der Geschöpfe; erste vollständige, wortgetreue und textkritische Übersetzung, bei der alle Handschriften berücksichtigt sind. Beltz Verlag.

• Hochbeet bauen. (2020, 8. September). Kostenlose Bauanleitungen. https://www.kostenlose-bauanleitungen.de/garten-bauanleitungen/hochbeet-bauen/

• Holzer, S., Holzer, C. & Holzer, J. A. (2020). Sepp Holzers Permakultur: Praktische Anwendung für Garten, Obst- und Landwirtschaft (9.). Stocker, L.

• Karna, P. (2011). Benefits of whole ginger extract in prostate cancer | British Journal of Nutrition. Cambridge Core. https://www.cambridge.org/core/journals/british-journal-of-nutrition/article/benefits-of-whole-ginger-extract-in-prostate-cancer/ACBBC9D7C1F9C24D531B8E833E68284A

• Kostbare Natur. (2014). Heilpflanzen Archive. https://www.kostbarenatur.net/kategorie/heilpflanzen/

• kraeuter-buch.de - Das digitale Kräuterbuch für Küchenkräuter, Wildkräuter und Heilkräuter. (2022). Kräuter von A bis Z - Das Kräuterlexikon. https://www.kraeuter-buch.de/kraeuter/alle-kraeuter

• Leylinien - http://leszekmatela.com/de/die-alte-kunst-der-geomantie/

• Malm, L. (2017). Der Bio-Kräutergarten der Kräuter-Liesel: Anbau - Pflege - Ernte. Naumann & Göbel.

• Marbach, M., E. (2018). Heilkräuter-Rezepte aller Art. https://heilkraeuter.de/rezept/index.htm

• Mischkulturen - 28 Gemüsearten und ihre wirksamsten Mischkultur-Partner + Beispielplan. (2022, 7. Dezember). Wurzelwerk von Marie Diederich. https://www.wurzelwerk.net/2017/12/20/mischkultur/

• Sator, G. (2014). Feng Shui: Leben und Wohnen in Harmonie (8. Aufl.). GRÄFE UND UNZER Verlag GmbH.

• Scheffer, M. (2013). Die Original Bachblütentherapie: Das gesamte theoretische und praktische Bachblüten-Wissen (Standardwerke Mechthild Scheffer, Band 1). Irisiana. Der Link zum Bachblüten-Test: https://www.bach-bluetentherapie.de/bachblueten-test/online-bachblueten-test/

• Sonnenschmidt, R. & Maiß, C. (2003). Die Karten zu den Körblerschen Baumblüten: Botschaften von Seele zu Seele. Ehlers.

• Thymian – Wirkung, Anwendungsbereiche und Studien. (o. D.). https://www.thymian.info/

• Wiesenauer, M. & Kirschner-Brouns, S. (2007). Homöopathie - Das große Handbuch (17. Aufl.). GRÄFE UND UNZER Verlag GmbH.